アジャイル
グローバル資格
対応

PMI-ACP試験

AGILE CIRTIFIED PRACTITIONER

パーフェクトマスター

PMアソシエイツ代表取締役
鈴木安而
YASUJI SUZUKI

評言社

はじめに

　働き方改革がプロジェクト分野にも押し寄せてきています。「永遠のトライアングル」と謳われた「Q（品質）」「C（コスト）」「D（納期）」に特化した従来のプロジェクトは、「人」を犠牲にしながら結果を追い求めてきました。品質はそれが証明できないにもかかわらず「世界一」を標榜し、コストは常に「カット」であり、納期は「死守」しなければなりません。特にソフトウェア開発を中心とするIT産業では、パーソナル・コンピュータの発展と広がりによって、ますます「人」が重要になってきているにもかかわらず、知的労働者であるプログラマーは旧態依然とした労働者として扱われ、相変わらず「デスマーチ（死の行進）」が横行しています。納期を「死守」した結果、じつに多くの技術者が病気になり、家庭崩壊の憂き目にあい、ついには自殺者まで出しているのです。これは悪夢ではなく、実際に著者も経験した、世界中で起こっている事実なのです。

　そこで登場したのが「アジャイル」（agile）です。ウォーターフォール型と呼ばれる従来型への異議を唱え、1990年代の試行錯誤の時代を経て、2001年に「アジャイルマニフェスト」を宣言（Snowbird 17）、さらにさまざまなアジャイル手法を発表し発展してきました。それから20年を過ぎ、本格的なアジャイルの時代を迎えています。というものの、日本は世界の動向に立ち遅れていて、アジャイル実務の緒についたばかりです。欧米で働き方改革が進められて考案されたアジャイルですが、その考え方の基本は、そもそも「日本発」なのです。その要素には次の三つがあります。

●トヨタ流工程管理：リーンやカンバンの基となった大野耐一氏の考え方
●守破離　　　　　：茶道の千利休が広めた概念
●知識創造企業　　：野中郁次郎、竹内弘高両博士による1970〜80年代の日本の製造業における成功事例の紹介と知識共有の考え方

日本発でありながら、日本の産業界は新しい改革への取り組みに二の足を踏み、相変わらず「できない」「しない」言い訳を探しているようです。確かに指導者や経験者の不足は否めませんが、一歩でも踏み出さない限り明日への発展は望めません。

　この本は、PMI®（米国プロジェクトマネジメント協会）が主催するアジャイルの資格試験対策を旨としていますが、内容的にもアジャイル導入のための参考書として使えるように組み立ててあります。ぜひDX（digital transformation；デジタル・トランスフォーメーション）改革の一つとしてお役に立てていただきたいと思います。

2020年12月　著者

PMI®資格試験体系

　まず、PMI における現行の試験体系について解説します。これを理解することによって各資格試験の位置づけが明確になり、勉強方法もわかるようになってきます。

　2020 年 6 月現在、PMI の標準体系に基づく 8 つの資格試験があります。プロジェクトマネジメント関係は歴史も古く 5 つの試験がありますが、PMI-ACP（Agile Certified Practitioner；アジャイル認定実務者）はそのうちの一つです。試験内容の基本は英語ですが、PMP®（Project Management Professional）、CAPM（Certified Associate in Project Management）、PMI-ACP の 3 つが日本語化されています。図-01 に体系を示します。

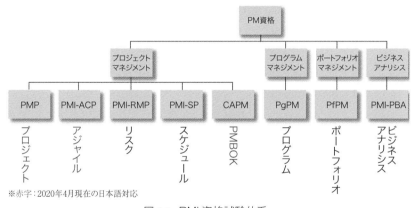

※赤字：2020年4月現在の日本語対応

図 0-1　PMI 資格試験体系

　試験は CBT（コンピュータベース試験）形式なので、PC モニターに向かって解答するマーク方式になります。答えは 4 択式になっていて、正解に 1 点が与えられます。減点方式ではないので、できるだけマークします。

　日本語で受験する場合には、モニター画面上で英語と日本語の両方を見ることができます。PMI では英語を基本とし、他の言語は補助という位置づけなので、もし日本語がわかりにくい場合には英語を見なさい、というガイド

になっています。実際には翻訳の質の問題があるので、もし受験中に気がついたらメモしておいて、試験の終了時にコメントを記入してPMI®へフィードバックをお願いします。他の試験も、日本語化の要望が増えてくれば日本語化される日もそう遠くはないと思われます。

　ここで注意したいのは、PMP®とCAPMの試験内容が似ているので間違えやすいことです。よくPMP®の試験対策としてPMBOK®ガイドを深く勉強する人が多いのですが、PMBOK®ガイドの内容についての理解度を試験するのはCAPMです。PMP®は、PMBOK®ガイドの知識レベルを基礎として、プロジェクトマネジメントの実務についての経験や実力を問う試験内容になっています。

　PMBOK®ガイド自体を学ぶことは、プロジェクトマネジメントの基礎を身に付けるという意味で必要であり、間違いではありません。しかしながらPMP®資格試験合格のためには、PMBOK®ガイドそのものからはほとんど出題されないので、丸暗記などは役立つとは思われません。

　8つの資格試験の狙いとするところを次のように要約しました。

1.　**Portfolio Management Professional**（**PfMP**）®
　ポートフォリオ・マネジャーが組織の目標を達成するために、ポートフォリオの運営において発揮すべき能力に関する試験

2.　**Program Management Professional**（**PgMP**）®
　プログラム・マネジャーが戦略的および組織的目標を達成するために、複数の複雑なプロジェクトをマネジメントする能力に関する試験

3.　**Project Management Professional**（**PMP**）®
　プロジェクト・マネジャーがチームをリードし、プロジェクトを効果的に運営するために発揮すべき能力に関する試験

4.　**Certified Associate in Project Management**（**CAPM**）®
　効果的なプロジェクトマネジメントについての、基本的な知識、用語、およびプロセスの理解に関する試験
　PMBOK®ガイドに関する知識が主体であり、経験やスキルを求めているわけではない

5.　**PMI Professional in Business Analysis**（**PMI-PBA**）®
　ビジネス分析の専門知識に焦点を当て、ステークホルダーと効果的に

連携してビジネス要求事項を定義し、プロジェクトの成果を形成し、それを高める能力に関する試験

6．PMI Agile Certified Practitioner（PMI-ACP）®

アジャイルの原則、およびスクラム、XP、リーン、カンバンなどの各種アジャイル手法の知識と経験に関する試験

7．PMI Risk Management Professional（PMI-RMP）®

脅威を軽減し機会を活用する計画とともに、プロジェクト・リスクの特定と評価の専門分野の知識とスキルに関する試験

8．PMI Scheduling Professional（PMI-SP）®

プロジェクト・スケジュールの作成と維持における専門分野の知識と高度な経験に関する試験

PMI-ACP には PMI®標準がありません。したがって、PMBOK®ガイドの内容を暗記するというような方法では役立ちません。PMI からは『アジャイル実務ガイド』が発刊されていますので、それを理解することも一つの方法です。しかしながら ACP 試験は実施されてまだ日が浅いので、試験内容は用語の理解が中心になっており、アジャイル型プロジェクトについての幅広い知識が要求されます。

PMI がディシプリンド・アジャイル社を買収したこともあって、今後は試験内容もディシプリンド・アジャイル(DA)が主流になっていくものと思われます。DA については本書でも解説しますが、ACP の試験内容が DA に特化されるわけではなく、試験問題の範囲に入る割合が増えるという位置づけでしょう。別途、DA についての資格試験も新たに用意されていますので、PMI のホームページを参照してください。

CONTENTS

§4　スクラムの全体像とプロセスの概略

§5　ECOのツールと技法

§6　知識とスキル

§7　ドメインとタスク《付：理解度テスト》

1

ACP-ECO;
試験内容の概略について

試験内容の概略（ECO）

PMI®は RDS（Role Delineation Study）に基づく出題範囲を ECO（Examination Content Outline：試験内容の概略）として発表しています。RDS とは試験問題開発のための基礎として広く採用されている役割概説研究のことで、PMI の試験問題の開発にも採用されています。そこでは、各領域のマネジャーとして必要なコンピテンシーを査定し、その役割に関する実践に必要な知識、タスク、およびスキルを定義し、それらの特徴と重要性と頻度の程度を決めています。

ECO は、各資格試験の出題内容について概略を示したものです。試験対策としては、これに沿って勉強すればいいので、非常に便利な内容です。元来、出題する側の問題作成のために作成されたガイドでしたが、その後は受験者用に販売されるようになり、現在は Web 上から無償でダウンロード可能となりました。日本語試験については日本語のガイドも入手可能です。ただし筆者が見る限り、このガイド自体の翻訳の質に少々問題があるので、本書では独自の解釈としています。

本書はこの ECO に沿った内容としており、一部に『アジャイル実務ガイド』や一般のアジャイル解説書とは異なる表現があるかもしれません。これについては、受験ガイドとしての特徴なのでご理解ください。ECO も環境の変化に応じて改訂されるので、受験者は ECO に関する PMI の発表に注意しなければなりません。

試験内容の用語についても問題があります。PMP®などは標準とされる PMBOK®ガイドの用語に沿って出題されますが、ACP には標準とする日本語の用語集がありません。せいぜい『アジャイル実務ガイド』に記述された用語集だけです。日本でもアジャイル関係の用語に統一性が見られないので、和訳せずにカタカナ表記にしているものが多く見受けられます。したがって、PMIにおける翻訳でも外注している翻訳者に任せているケースがけっこうあります。そのため、一つの表現にこだわることなく柔軟に対応することが肝要です。DA（デシプリンド・アジャイル）はその点にも注目して、用語の統一を提唱し

ています。

ECO は、受験申請の際に入力するアジャイル型プロジェクトに関する経験値の実績時間の欄と一致しています。全体を 7 つのドメイン（領域）に区分し、個別の活動をタスクとしています。これはあくまで ACP 試験のための区分ですから、実務のための『アジャイル実務ガイド』や『PMBOK®ガイド』の学習とは分けて考えましょう。

繰り返しますが、試験のための学習は ECO に沿って行うことが合格への近道です。

ドメインとタスク

ACP 試験は 7 つのドメイン（領域）が出題範囲となっています。次の表のように一つのドメインには複数のタスクが含まれています。出題率は PMI®が発表したものですが、出題数は割合から算出した数字です。

ドメイン	タスク数	出題率	出題数
1. アジャイルの原則と考え方	9 タスク	16%	16
2. 価値主導のデリバリー	14 タスク	20%	20
3. ステークホルダーの関与	9 タスク	17%	17
4. チームのパフォーマンス	9 タスク	16%	16
5. 適応型計画	10 タスク	12%	12
6. 問題の検出と解決	5 タスク	10%	10
7. 継続的改善（製品、プロセス、人材）	6 タスク	9%	9
合　計	62 タスク		100 問

図 1-1　出題範囲：ドメイン（領域）とタスク

タスクは具体的な作業を意味しています。ACP 試験はこの作業内容を理解しているかどうかを問うています。出題数の実際は 120 問ですが、本来の採点対象の 100 問に 20 問のダミー問題を追加してあります。ダミー問題は、採点

対象ではなく、将来の出題における可能性を評価するために追加されています。つまり、PMI®が新しい問題を作成した際に、どれほどの正答率なのか、あるいはACPにふさわしい問題なのか、などいろいろな観点で評価し、将来、採点対象とするのかどうかを検討します。ただし、受験者にはどれがダミー問題なのかはわかりません。

合格ライン

PMIからは最低合格点について正式な発表がありませんが、PMP®では61%を合格ラインにしており、最近の傾向は70%です。これを目標としましょう。そうすると、70問正解が必要です。ただし、これはダミー問題を含まない数なので、ダミーを考慮すると、次の三つのケースが考えられます。

> ケース1：ダミーが全部正解で、全部で70問正解の場合は50%で不合格
> ケース2：ダミーが全部正解で、全部で90問正解の場合は70%で合格
> ケース3：ダミーが全部不正解で、全部で70問正解の場合は70%で合格

結局、受験者にはどれがダミー問題なのかわかりませんから、安全策で考えると、ケース2で90問以上の正解を目標としましょう。

90／120以上＝75%以上です。

また、試験時間は3時間なので、時間配分も次のようになります。

出題数＝100＋20 ⇒ 120／3時間 ⇒ 90秒/問

となりますが、見直しの時間を考慮して、60秒／問とすると十分な余裕ができます。模擬試験などで時間配分の練習をするとよいでしょう。

筆者の経験や弊社受講生の報告によると、PMP®試験よりも時間的に余裕があるようです。

2

アジャイル・プロジェクトの誕生

1. アジャイル・プロジェクト誕生の背景

　なぜ、アジャイル型と呼ばれるプロジェクト手法が台頭したのか、この背景について学習します。これを理解することによって、アジャイル・プロジェクトの本質について理解が深まります。まず歴史から学ぶために、図2-1を年表として見てみましょう。左下から始まります。

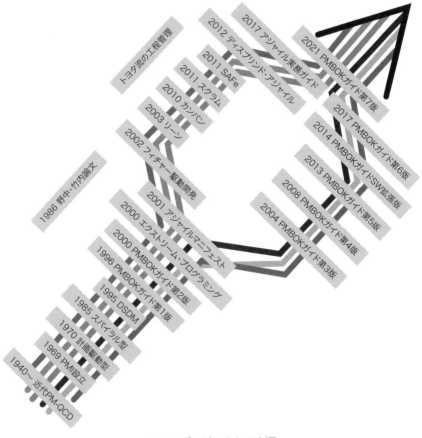

図 2-1 プロジェクトの変遷

Column　マネジメントを日本語でどう表記するか?

　「マネジメント」を「管理」と訳す場合がありますが、PMI 標準書での翻訳はカタカナのままです。元来、「Management」は「経営」や「経営層」を表しており、それに対して「コントロール」を現場での「管理」と訳し分けています。

　また、「マネジメント」を「マネージメント」と表記することもありますが、英語の発音ではアクセントが頭にあり、「マネジメント」が適切です。同じように「Manager」も「マネジャー」が適切で、PMI の標準書では「マネージャー」とは表記しません。

　プロジェクト自体は大昔からあるもので、それぞれ歴史を作ってきましたが、その多くは文献などが残っていないので、科学的な検証が困難です。その意味で、いわゆる近代的プロジェクトと呼ばれるようになったのは1940年代のマンハッタン計画(原子爆弾の開発計画)からです。

　倫理的な議論を別にすると、これは立派な成功プロジェクトとして認められており、現代の実務家の研究の的にもなっています。ちなみに、この英語名称は「Manhattan Project」で、1960年代に実施された有名なアポロ計画は「Apollo Program」あるいは「Apollo Project」です。

　つまり、以前はプロジェクトもプログラムも「計画」と訳されていましたが、今では「プロジェクトマネジメント」と「プログラムマネジメント」とは明確に区別されるようになりました。

　当時はいわゆる「QCD(Quality;品質・Cost;コスト・Delivery;納期)」を管理項目とする管理工学がその基盤となっており、その三つを統合して「永遠のトライアングル(三角形)」と称していたものです。ところがビジネスの環境変化が著しく速くなり、すべてにスピードが求められる時代になってきました。そのために、さまざまな産業のプロジェクトに携わる技術者たちは、試行錯誤しながらもビジネス側の要求に応えなければなりませんでした。その結果として、QCDに特化したプロジェクトの進め方は、人間同士の活動に起こりがちなさまざまな問題を発生させたのです。問題を抱えた技術者たちは

いつしかお互いに相談するようになり、QCDだけではない「全体最適」の道を探り始めました。

　そのコミュニティの一つとして1969年に発足したのがPMI®（Project Management Institute；プロジェクトマネジメント協会）で、それは奇しくもアポロ計画によって初めて人類が月に足跡を残した最初の年でした。それと並行して、ビジネスのスピードに輪をかけたのがフォン・ノイマン型コンピュータの発展です。そのためのソフトウェア産業が発展し、ひいてはソフトウェア開発技術がプロジェクトの多くを占めるようになってきました。

2. ウォーターフォール型開発アプローチの弊害

　1970年代以降は、「構造化プログラミング」によるプログラミング改革が叫ばれるようになり、天才プログラマーだけでなく誰もがプログラムを書けるような時代となりました。プロジェクトの進め方も発展し、5つのフェーズによる開発・運用について定義した「計画駆動型プロジェクト（あるいは予測型プロジェクト）」が発表されたのもこの頃です。後に「ウォーターフォール型」と呼ばれるようになった開発アプローチです。

　この頃のプロジェクトは完成までかなりの時間がかかり、納期まで1〜2年かかることは普通のことでした。大型案件になると10年単位のものがありました。しかし発注者にしてみれば、大金をはたいて注文してみたもののいつまでたっても姿が見えない、という不安に駆られます。建築などのプロジェクト

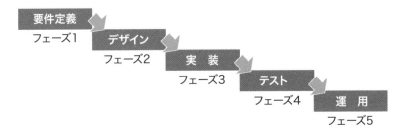

図2-2　ウォーターフォール型の例

には図面があってイメージができ、さらに現場に行けば建築途中の姿を見ることができます。

　ところがソフトウェア開発では、成果物はコンピュータの中にあって眼に見えません。コーディングを見せてもらったとしても読解不可能です。不安は募るばかりです。さらにビジネス環境の変化という魔物が現れて、発注した時点での要求が変わってしまい、発注者は自分の要求の変化をエンジニアに気楽に伝えるありさまです。「まだ完成していないのだから簡単に変更できるだろう」という感覚なのでしょう。

　さあ、途中まで出来かかっているソフトウェアという成果物を変更しなければなりません。そのために手戻りが発生し、仕事量は当初より増えたのにもかかわらず、納期の延期はめったに許されません。しかたなく「頑張る」のですが、ほとんどが自己犠牲です。当時のことですから「サービス残業」「徹夜」、そしてついには「家庭崩壊」や「健康被害」となり、「精神的な病」や「自殺」まで引き起こしてしまいました。これを「デスマーチ」と称しています。米国の実務家エドワード・ヨードンは、その著書『デスマーチ』の中で、「ソフトウェア開発は死の行進である」と記し、これにより広く知られるようになりました。要するに QCD を守るために人間的な生活を犠牲にしたわけです。

　この弊害を改善するために、まず変更を少しでも抑えようとする動きが出てきました。それがスパイラル型です。開発の途中で、顧客に目に見える「動く」ものを提示しようとしたのです。この試みはある程度成功するのですが、プロセスや仕組みとしては「計画駆動型」の延長線上にあったので、時代の急激な変化には追従できませんでした。

　その変化の主要因がインターネットです。インターネットの効果は、すぐさま「ネットビジネス」として世の中に行き渡り、ビジネスにさらなるスピードを求めることになったのです。特にマイクロソフト社がウィンドウズ3.1の後継として1995年に発表したウィンドウズ95は、これまでプロやオタクの世界だったインターネット環境を一気に一般家庭にまで浸透させ、E–Commerce（電子商取引）の世界に大きな影響を及ぼしました。

　この間、PMI®におけるプロジェクトマネジメントの研究が進み、1996年にはそれまでの「知識体系」としてではなく、「知識体系ガイド」としてPMBOK®ガイド第1版が発刊されました。米国標準規格の ANSI 準拠として

4年ごとに改訂するという方針を打ち立て、2000年には第2版が発刊されました。内容的には優れていましたが、基本は「初めに堅牢な計画」ありきの「計画駆動型」であり、大規模プロジェクト向きに書かれていました。

3. アジャイル時代の到来

その頃、ソフトウェア開発の現場では、中小規模のプロジェクトであっても、さまざまな問題を抱えていました。特に頻繁に発生する変更要求には、かたくなな計画駆動型では柔軟に対応することが困難で、そのために時間とコストの無駄が生じていました。当然の結果として顧客の満足も得られ難い状況でした。そこで多くの技術者が仕組みの改善に取り組み、「DSDM：Dynamic System Development Method（分散システム開発手法）」など、それぞれの解決策を提案し実行していったのです。そしていよいよ登場したのが「XP：エクストリーム・プログラミング」でした。「変化を受け入れる(Embrace change)」という副題で、ケント・ベック氏が本として発行したのが2000年ですから、PMBOK®ガイド第2版と同時期です。そして翌2001年にはケント・ベック氏とその同志が集まって「アジャイルマニフェスト」を発表、いよいよアジャイル時代が本格化しました。

PMBOK®ガイドはその後、第3版から第6版へと版数を重ねていきました。その間PMI®は、アジャイルの要素をPMBOK®ガイドにも少しずつ取り入れてきましたが、PMBOK®ガイド第5版に続きソフトウェア開発に特化した『PMBOK®ガイド第5版ソフトウェア拡張版』では、アジャイルへの取り組みを明確にしました。ただし、その時はアジャイルの位置づけに苦慮し、あくまで従来のプロジェクトマネジメント標準におけるプロセスとの対比として表現したのです。それは十分な表現とは言い難く、プロジェクトのライフサイクルを定義し直して、「ライフサイクルの連続体」の中にアジャイルを定義しようと試みました。

そのとき、従来のウォーターフォール型を「予測型」とし、アジャイル型を「適応型」と定義したのですが、両者の間に明確な境界を定義できずに、

「ライフサイクルの連続体」という表現になったのです。その中間に「漸進型」や「反復型」といったアジャイルの特性を示す表現を取り入れることもあります。図2-3は「ソフトウェア拡張版」におけるライフサイクルの記述です。

高度予測型	予測型	適応型	高度適応型
●要求事項は、立上げと計画時期に定義される ●リスクとコストは、開発に先立っての要求事項と制約条件に関する深い分析に基づく詳細計画によりコントロールされる ●主要ステークホルダーは、スケジュールされたマイルストーンで関与する	●要求事項は、ソフトウェア開発期間において定期的間隔で詳細化される ●リスクとコストは、開発期間における要求事項と制約条件の適時的な定義に基づく段階的詳細計画によってコントロールされる ●主要ステークホルダーは、定められた間隔で積極的に関与する		●要求事項は、ソフトウェア開発期間において頻繁な間隔で詳細化される ●リスクとコストは、要求事項と制約条件の出現に応じてコントロールされる ●主要ステークホルダーは、常に関与する

図 2-3　予測型と適応型の特徴

図2-4は、PMBOK®ガイド第6版でのライフサイクルの表現を参考に図示したものです。

デリバリーの頻度は、開発途中の成果物の納品を意味しており、それが高いほうがアジャイルに向いている、と解釈します。また、顧客要求の変更の程度が多ければ多いほどアジャイルに向いている、とも言えます。個々のプロジェクトの特性に合わせたアプローチ

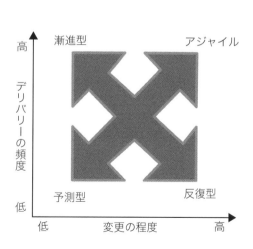

図 2-4　ライフサイクルの表現(第6版)

を選ぶ必要があります。

　つまり、プロジェクトの責任者は、自分が担当するプロジェクトの特性を
しっかりと見極めることが重要なのです。予測型が適切であると判断できる
分野にまでアジャイルで実施することはありません。

4. アジャイル発想の背景と原点

　米国でのアジャイルはソフトウェア産業から生まれました。このときのソフ
トウェア開発におけるさまざまな困難性については、図2-5のように表すこ
とができます。

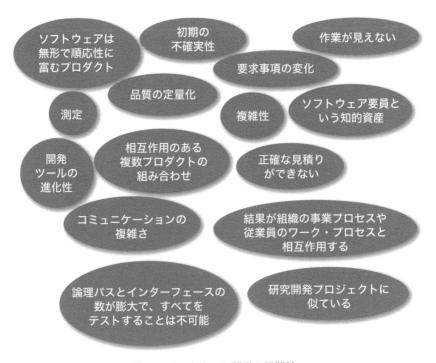

図 2-5　ソフトウェア開発の困難性

Column　アジャイル系の用語は難しい？

　筆者はPMBOK®ガイド第4版から日本語化プロジェクトに参加し、さらにその他のPMI®標準書翻訳のほとんどに携わってきました。この「ソフトウェア拡張版」の翻訳では用語の選定に苦労した覚えがあります。アジャイル系の用語はその多くがカタカナであり、他の分野からは非常に特殊な分野に見えます。確かにIT用語にはカタカナが多いことが特徴とされますが、本来ならば普及のためにもなるべく日本語化したいものです。しかしながら、アジャイル系の用語は原語（英語）自体が特殊で、一般の技術書にみられるような専門用語ではなく、比喩や暗喩（メタファー）で表現されることが多いので、日本語に訳し難いことも事実です。

　あるお客様にプロジェクトマネジメントの研修を提案したときのことですが、筆者の提案内容をみるなり、「これはIT用の研修ですね、うちはITじゃないのでけっこうです」と言われてしまいました。そこで、無理やりに日本語化して提案書を書き換えて持参したところ、「これならうちにも合いますね」と言われて採用になったことがありました。

　これらの要素が複雑に相互作用し、いわゆる「失敗プロジェクト」となってしまうのです。この中からいくつか具体的に解説します。

◉初期の不確実性

　予測型（計画駆動型、ウォーターフォール型）では、プロジェクトの初期に達成すべき成果物や作業を明確にすることが求められますが、現実には「要件定義」が固まらないままスタートすることが多いものです。当然の結果として、見積りの精度はよくなりませんし、その後の要求事項の追加や変更につながります。アジャイルでは「要件」を無理に確定させません。わかっているところから少しずつ、小さく開発を進めていきます。

◉作業が見えない

　顧客にとって途中成果物が見えないという特性には不安がつきまといま

す。逆に、変更が簡単にできるという思い込みが生じるので、気楽に変更要求を出してきます。アジャイルでは顧客の要求事項の単位（フィーチャー）で開発し、成果物が要求どおりに動くことを見えるように頻繁にデモを行います。可視化の工夫が重要なのです。

◉ソフトウェア要員という知的資産

いろいろな要素によってプロジェクトが遅れることがありますが、その対策として「人員追加」となることが多いものです。ところが知的産業では、増員が進捗改善の主要因にはなりません。力仕事ならば工数と要員数をある程度比例させて進めることができるでしょう。ただ、人を追加しないで「頑張れ！」といった精神論では疲れるだけで、よい仕事はできないし、「よいもの」も作れません。アジャイルではよい仕事やその質のために「よい作業環境」や「自主的な仕事の進め方」に重点を置きます。さらに、そのための「知識共有」にも重点を置きます。

◉品質の定量化

ソフトウェアそのものの品質を定量的に定義することは非常に困難です。定義したところで証明できないからです。例えば「世界一の品質」と謳う場合には、「世界一」であることを具体的に証明する必要があります。ハードウェアの場合には「摩耗」や「経年変化」が付きものなので、試験回数などによって、ある程度の定義が可能です。

しかしながらソフトウェアは摩耗しません。それどころか最初から「バグ：不具合」を持って生まれます。よくバグレスを当たり前のように要求されますが、理論上はゼロになりません。確認できないからです。例えば、品質管理でよく使われる「シックスシグマ」の定義では、100万回の試験において不良発生が3.4回以内とされています。これはハードウェアを対象として設定されています。ソフトウェアには適応できません。したがって、品質の定義としては「顧客満足度」を目的として、そのための「要求事項への適合」や「使用適合性」などを目標とします。

●論理パスとインターフェイス数が膨大で、すべてのテストは不可能

　問題はそのテストにあります。例えば、作成したソフトウェア内のすべての経路をテストしようとすると、規模にもよりますが、そのテストの種類だけでも天文学的数字になります。それをすべてテストするだけの時間とコストをかけるかどうかという判断が必要となります。

　また、あるテスト用のプログラムを作成したとしましょう。それがテスト対象のソフトウェアのすべての経路を通ったかどうかは誰にもわかりません。アジャイルでは、できるだけ小さなソフトウェアに分割して作成し、確実にテストする、という手法で品質を確保しようとする動きが主流になってきました。大規模ソフトウェアは小さなソフトウェアをつなぎ合わせて作成します。これを「スモールバッチ・システム」と呼びます。

　他の項目については割愛しますが、困難性を示すことばかりです。よく「プロなんだから、そこを何とかしろ！」と叱咤されたりしますが、精神論ではなく、科学的な進め方が求められることは自明の理でしょう。

　それを改革しようとする動きがアジャイルでした。ケント・ベック氏等を中心とするアジャイル実務家たちは、彼らの研究の中でさまざまな文献を調査しました。その中に大きな位置を占めたのが、トヨタ流の工程管理であり、また1986年にハーバード・レビュー誌に投稿された論文『The new new product development game』でした。この論文は、ハーバード大学に籍を置いていたことのある野中郁次郎博士と竹内弘高博士の共著によるもので、1970年代から80年代にかけてのバブル崩壊までの日本の製造業における成功事例を紹介しています。

　アジャイルではさらに、禅宗から発し、茶道の千利休によって広められたという「守破離」の思想も取り入れました。要するに、彼らは素直に日本の文化や成功事例を学び、今までの慣習や決まりごとにとらわれず、いわゆる「破壊的改革」を実践したのです。

　例として、アジャイルでよく使われる「スクラム」と「カンバン」についてその謂れについて紹介しましょう。プロセス等の詳細については後で解説します。

　「スクラム」は、野中・竹内博士の論文の中で使われた用語です。そこでは

日本企業の開発手法やコミュニケーションの特徴として、チームとして肩を組んで一丸となって進む姿をラグビーの「スクラム」に例えています。両博士は、欧米の仕事のやり方は「リレー」のバトンタッチ方式と言えるが、日本のやり方はこうだ、と紹介しています。それを学んだ欧米の実務家たちが体系化したのが「スクラム」というアジャイル手法なのです。さらに博士たちは「知識の共有」についても「SECI モデル」と呼ばれる新たな考察を発表し、いかに知識の共有が大切かを説いています。それを具体的に応用した例がケント・ベックの『エクストリーム・プログラミング』に提案されている「ペア・プログラミング」手法です。しかしながら、真の狙いを理解しないまま実行して失敗するケースが多いことが残念です。

Column ゴールドラット博士の思い出

　筆者自身は、2009 年にゴールドラット博士が来日された際に、「追っかけ」よろしく彼の講演の休憩時間に控室に飛び込みました。あまり広いとは言えない控室で、葉巻の煙でもうもうとした中での 10 分間のインタビューでしたが、いろいろな示唆をもらいました。

　彼は物理学者であり、論理的な説明をしてくれるのですが、その中でも非常に人間臭い話に興味をもちました。日本型の「サバ読み」が話題になったときに、「それは責任感の現れじゃないのか？」と言うのです。「もしあなたがお客様を迎えに空港に行くとしたら、何時間前に行く？」と聞かれ、「少なくても 1 時間前には到着するようにします」と答えると、「友達だったら？」と言われ、ちょっと考えて「ちょうどくらいかな」と答えました。そうすると彼は「その差がサバではないのか？」と即応しました。私にとって目からウロコでした。

　短いインタビューでしたが、最後に私から「こんなたばこの吸い方をしていると体に毒だよ」と初対面にもかかわらず諫言したら、「もう体はボロボロなんだよ」と切り返されました。冗談だろうと忘れていましたが、2 年後の 2011 年 6 月にご家族から訃報が届きました。享年 64 歳、若き天才の逝去に涙したものです。

もう一つの「カンバン」は、トヨタ自動車における工程管理手法を応用したものです。トヨタの副社長まで務めた大野耐一氏がその生涯をかけて推し進めた「トヨタ流」には多くの示唆があり、アジャイル実務家たちは「リーン」のもとになった「7つの無駄の排除」や、その応用の一つである「かんばん方式」をプロジェクトに応用しています。トヨタの実際の「かんばん」と、アジャイルで採用している「カンバン」とは異なりますが、その理念が同じであることは言うまでもありません。

トヨタ流の応用として最も有名なものは、エリヤフ・ゴールドラット博士による『ザ・ゴール』をはじめとする一連のTOC（Theory Of Constrain；制約理論）関連書籍でしょう。彼は会ってもいないのに「大野耐一は私の師匠である」と公言してはばかりませんでした。ゴールドラット博士は、多くのTOC関連書籍を出版していますが、基本はトヨタ流です。彼がよく使っていた「巨人の肩に乗って」、の「巨人」とは大野耐一氏のことです。

5. アジャイルマニフェスト

《アジャイルマニフェスト》
　私たちは、ソフトウェア開発の実践あるいは実践を手助けする活動を通じて、よりよい開発方法を見つけ出そうとしている。この活動を通して、私たちは以下の価値に至った。

プロセスやツールよりも	個人と対話を
包括的な文書よりも	動くソフトウェアを
契約交渉よりも	顧客との協調を
計画に従うことよりも	変化への対応を価値とする。

　すなわち、左記のことがらに価値があることを認めながらも、私たちは右記のことがらにより価値をおく。

アジャイルが米国発であることは間違いありませんが、本質的に日本人の

考え方や文化を応用していることが理解できたと思います。それに業務改革を加えて作られたのが「アジャイルマニフェスト」です。原作者の意向により、そのまま掲載しました。

　これは非常に示唆に富んだマニフェストで、この内容をしっかり理解することが大切です。よく誤解されるのは、マニフェストの「左記のことがら」を否定したり無視したりして、「右記のことがら」だけを実践しようとすることです。ACP の出題範囲ですから、次のように正しく理解しましょう。

●プロセスやツールよりも　個人と対話を

　計画に基づいてプロセスやツールなどを標準化することは大切なことですが、それを義務づけることは、メンバーのやる気を削ぎ、非効率な作業の原因となってしまいます。それよりも一人ひとりとの対話を通して、効率的な進め方を模索していくことが大切です。

●包括的な文書よりも　動くソフトウェアを

　事業を行う組織にとって文書化は大切なことですが、形式だけの文書を作成しても意味がありません。法的要求に沿って必要最小限にとどめ、その時間を開発に、それも実際に動く成果物の開発に充てるほうが顧客満足は高くなると言えるでしょう。

●契約交渉よりも　顧客との協働を

　契約交渉は大切なことですが、お互いに信頼して協働作業とするほうがリスクを減少し、顧客の望む成果物を早く開発することができるのです。契約はリスク対策として「性悪説」にのっとって作成されることが多いものですが、パートナーシップを基にした「性善説」も大切です。

●計画に従うことよりも　変化への対応を価値とする

　詳細な計画を立てることは大切なことですが、実際には多くの変更や機能追加要求などが発生します。これは顧客が事業を進めていくにつれて当然のごとく起こりうることです。つまり、当初の計画に固執せず、変化への迅速な対応が顧客満足のためには有効なのです。

6. アジャイル型プロジェクト導入のメリット

　なぜアジャイルを取り入れるのか、という議論があります。今までのプロジェクトがほとんど成功している経験のある人にとっては確かに大きな疑問点です。しかしながら、成功といっても全く問題がなかったわけでもなさそうです。日本のプロジェクトでは成功基準に曖昧なことが多く、その判断も上級マネジメントが行うので、多くの場合は、問題があっても「成功」になってしまいます。その「問題」を「教訓」として活用できればいいのですが、それにも「問題」があるようです。

　さらに、ビジネスの変化や環境の変化に伴い不確実性への対応が求められるようになってきました。それらに迅速に対応するための仕組みとしてアジャイルが生まれたことは前述したとおりです。あらためてアジャイルのメリットと、依然として残る課題や問題について述べてみます。

　一般的には、次のようなメリットがあります。

●時間とコストのパフォーマンス改善
　締め切りに追われて徹夜続きということがないように、広い意味での締め切りを決めず、時間で区切られた開発期間を設定し、反復します。これをタイムボックス化されたイテレーション（反復）と呼びます。たいていの場合、1回のイテレーションを4週間で区切るので、その期間で開発可能な顧客要求事項（フィーチャー）を選んで作業し、そのつど結果を顧客に提示します。こうすることで作業員のモラールやモチベーションが向上し、効率のよい作業が可能になり、残業等もなくなって効果的な予算管理が可能になります。

●リスク低減
　リスクはどんな活動にも存在します。リスクは将来への不確実性や曖昧

さが原因となるので、短い開発期間ではリスク・エクスポージャー（リスクに曝される度合い）が小さくなる傾向にあります。また、想定されたリスクへの対応も比較的簡単になり低減しやすくなります。余談になりますが、リスク・マネジメント上の対応策は「リスク回避」が理想です。しかし、それには相応の時間とコストが必要とされるので、一般には「リスク低減」あるいは「リスク軽減」としています。要するにリスク・エクスポージャーを「受容」できる範囲に下げることです。「受容」したリスクには「コンティンジェンシー予備(予備費やバッファー等)」で対応します。

●生産性向上

　時間とコストにも関係しますが、タイムボックス化することで働きやすくなり、作業効率が上がり、プロセスや作業工程からのムダを省くことによって生産性の向上が期待できます。またアジャイルに限ったことではありませんが、作業チームに主体性を持たせることにより、組織からの押しつけではなく、現場主導の仕組みによって効率を向上させることができます。これを「自己組織化」と呼びます。

●高品質

　ソフトウェアの品質の項でも述べましたが、品質の定量的な定義やその証明は困難です。しかしながら、小さな成果物ならばミスの発生も少なく、検査も容易になります。小さく作り、ユニットテストも十分満足できた「モジュール」を組み合わせることによって、大きなプログラムを組み立てていきます。そうすれば検査の範囲もインターフェースに限定できるので、高品質が達成可能になります。前述したようにこれを「スモールバッチ・システム」と呼びます。

●変更への対応力改善

　そもそもアジャイルの発想はここに起因します。ソフトウェア関係のプロジェクトでは変更が当たり前のように頻繁に行われますが、他の産業でも変更は大きな問題です。いったん綿密な計画を立て、それに従って着々と進めることができれば、そんなに大きな問題が発生することは稀でしょう。

　ところが、顧客からの要求事項が固まらないうちに作業を開始することが多く、いったん決めた項目でさえ変更の憂き目にあいます。その結果、手戻りの発生に伴うさまざまな問題が持ち上がります。

　本来ならばリスケジューリングして納期の延期などの処置をとるべきところを、「そこをなんとか、お願いします！」と言われて仕方なく「頑張る」のですが、参加している技術員のモチベーションや作業効率に加えて、品質までもが下がり、結局は納期が守れない事態となってしまいます。

　そこでアジャイルでは考え方を変えて、「プロジェクトに変更は付きもの」という前提で仕組みを構築したのです。例えば、従来型で構築する「変更管理」の仕組みをプロジェクト全体へと拡大して、「変更ありき」のアプローチとすることによって全体最適が図れるのです。言わばプロジェクト全体が変更管理になっています。

◉作業員の積極的関与と満足度向上

　作業員のモチベーションは、作業効率や「よいもの」をつくるために非常に大切な要素です。また、作業効率を上げるためには作業員が納得して自ら進んで働けるような作業環境が望まれます。この環境には、いわゆる「管理的環境」が含まれます。管理者が作業員に作業の詳細についていちいち指示することは、よほど手順が複雑であったり重要な要素であったりする場合には管理上大切ですが、それに慣れてくると作業員たちはたいがい「指示待ち」になり、仕事への意欲も低下します。

　マグレガーのX・Y理論によれば、成熟度の低い作業員へは「指示」することが必要ですが（X理論）、成熟度の高い作業員へは「権限委譲」が重要です（Y理論）。アジャイル型プロジェクトでは、成熟した作業員の参加を前提としたY理論を採用しています。こうした作業員によって構成されたチームは「自立型チーム」あるいは「自律型チーム」とも呼ばれ、最も高い成果を上げています。

　このような成熟したチームにおけるリーダーの行動特性には、単に強力なリーダーシップではなく、「サーバント・リーダーシップ」や「スチュワードシップ」が求められます。サーバント・リーダーシップについては後で詳述します。

●市場投入への時間短縮による投資対効果の改善

　高品質のところで述べましたが、アジャイルではスモールバッチ・システムが採用されます。そして、最終製品ができてから納品するのではなく、顧客の望む要求事項を少しずつ完成させていくので、市場に送り届けることができる最小限の機能やフィーチャー（MMF：Minimum Marketable Feature)が短期間で開発されることになります。

　つまり、従来のように最終製品が完成してから市場に出す場合にはある程度の時間が必要ですが、アジャイルの場合は、完成したフィーチャーごとに市場に出すことができるので、投資分の回収を早めにできるようになり、競争にも勝つことができるのです。

●最終成果物

　アジャイル・プロジェクトでの最終成果物は、従来とは違った特徴があります。成果物というよりは、顧客が望むビジョンに到達できているかが重要になります。

▶ プロジェクト初期には確定できない

　アジャイルでは最終成果物を詳細定義しません。最初に包括的なプロダクト・ビジョンを策定しますが、顧客側からの変更要求を前提としているので、機能やフィーチャーの詳細化はしません。というより詳細化しても変更されるので意味がありません。

　したがって、投資家や上位経営層にとっては、最終的な価値について初期のうちに正確に見込むことが困難になります。そこで、顧客側とプロジェクト側との協働の心構えで「プロダクト・ビジョン」という最終成果物に向かって進んでいくのです。

▶ 段階的に詳細化される

　初期には詳細化しませんが、ある決められた周期(反復周期；イテレーションやスプリント)ごとに完成した機能やフィーチャーのデモを行って詳細化します。デモを見た顧客は、その成果物を評価し受け入れ、あるいは追加要求や変更要求を行います。これらの活動によって、成果物は全体的に徐々に段階的に詳細化されることになります。

◉予算

▶ 人件費はほぼ一定だが、最終成果物完成までコスト総額は不確定

　アジャイルでは10人くらいまでの小さなチームを構成して活動します。これはチームワークを重視しているからです。また要員の入れ替えは原則禁止です。規模の大きな成果物を開発する場合には、複数のチームを構築します。一つのチームの規模を大きくしません。そしてチーム間の協業体制を構築し、全体としてはプロダクト・ロードマップに沿って活動します。一つのチームだけの場合には人件費はほぼ一定になります。しかし最終成果物が完了しないと終結にならないので、それまで作業は継続されることになり、コストもかかることになります。プロダクト・ロードマップについては第5章で詳述します。

▶ 予算がなくなったらプロジェクト終了

　最終成果物が完了するまで、時間がかかる場合があります。ビジネスの環境では、必ずしも承認された予算が継続されるとは限りません。つまり、予算がなくなったらプロジェクトの終結となります。PMBOKガイドの定義では「プロジェクトは有期性の業務」ですが、アジャイルでは事前に終結時期を定義しません。

◉スケジュール

▶ 反復期間が短く進捗を確認しやすいが、最終成果物の完成時期は不明確

　反復期間は一般に4週間とされるので、顧客にとっては一月単位の管理になります。開発現場ではたいていの場合、日次と週次の管理が併用されます。したがって、進捗管理という面では可視化の技法を使うこともあり、確認しやすいことが特徴です。この手法は従来型でも同じですが、アジャイルでは進捗の基準が「動くプロダクト」なので、「何をしたか」よりも「何ができたか」が重要になります。また予算の項でも述べましたが、最終成果物を定義できるのはけっこう時間が経ってからになります。要するに顧客が「これで良し」と宣言するまで続けられるのです。

▶ プロダクト・ロードマップで概要を提示する

　成果物は変更に伴い段階的に詳細化されるので、顧客にとって大切なのはプロダクト・ビジョンです。大所高所から見た包括的な成果物は、

顧客にとってのみならず、作成している作業者にとっても重要なものです。これによって活動方針が決められます。そのビジョンを達成するための大筋をロードマップとして図示しておけば、作業者にとって自分の作業の位置づけが明確になり、やりがいにも通じるのです。プロダクト・ロードマップを詳細化して、ユーザーストーリー単位で表した図を「ストーリーマップ」と呼びます。これらについては第5章で詳述します。

7. アジャイルを適用できる分野と適用しにくい分野

　担当するプロジェクトを進めるにあたり、プロジェクトにとってどのようなアプローチがいいのか迷うことがあります。すべてに効果的なアプローチはありません。「マネジメントと組織における複雑性」について研究したラルフ・ステーシーは、2011年に「ステーシー・マトリックス」を発表しました。一つのプロジェクトにおける環境や背景に基づき、図2-6のように横軸に「確実性」、縦軸に「合意性」の程度を表し、マネジメントの特性としました。

　この図の中で、左下の「合理的」「断定的」「政治的」の領域には従来のウォーターフォール型プロジェクト(予測型)が向いています。右上の「混沌」の領域はカオス領域であり、プロジェクトにはふさわしくない部分です。ここに手を付けるとほとんど失敗しています。「混沌の端」や、中央に位置する「複雑」な部分がアジャイルに向いている領域と言えます。

　要するに、担当するプロジェクトの特性を見極めたうえで、どのアプローチが適切なのかを決めなければいけません。従来の「予測型」の領域をアジャイルで実施してもメリットはありませんし、かえって顧客側の不信を買うことにもなりかねません。「複雑」の領域を「ウォーターフォール型」で実施すれば、余りある過去の例のごとく失敗の確率が高くなります。

　担当するプロジェクトにはウォーターフォールがいいのか、あるいはアジャイルが適しているのか、なかなか難しい問題です。PMI発行の『アジャイル実務ガイド』では、ベームとターナーがDSDMとクリスタル手法から導き出した「アジャイル適合性フィルター」を紹介しています。これは、組織属性と

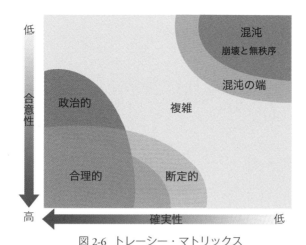

図 2-6　トレーシー・マトリックス

プロジェクト属性を次の三つの項目で評価し、結果を図 2-7 の円グラフにして点数の高いものを「ウォーターフォール型向き」、低いものを「アジャイル向き」として、中間を「ハイブリッド向き」としています。この評価はグループで行い、偏見のないように注意しなければなりません。DSDM とクリスタルについては第 5 章で詳述します。

《評価項目》
　1.　文化
　　アプローチへの賛同とチームへの信頼を基盤とした支援を得られるか
　2.　チーム
　　メンバーは成功するために必要な経験とビジネス担当者へのアクセスを持っているか
　3.　プロジェクト
　　変更頻度が高いか、漸進的デリバリーは可能か、プロジェクトはどの程度重要か

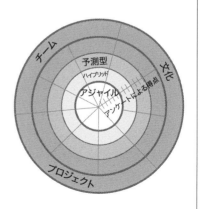

図 2-7　評価項目

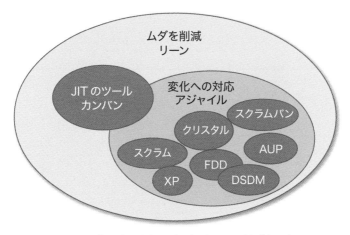

図2-8 アジャイルはカンバンとリーンのサブセット

　あらためて「アジャイル」とは何かを考えてみると「ウォーターフォール型」との違いが見えてきます。図2-8は『アジャイル実務ガイド』を参考にして作成したものですが、アジャイルの所以をよく表しています。リーン、カンバン、スクラムなどは、前述のように日本発の発想です。

8. アジャイル導入の障壁と困難にする要素

　アジャイルの特性について述べてきましたが、たとえアジャイルの適用が効果的であると思われる分野でも、導入に足踏みすることもあります。その要因は以下のとおりです。

◉失敗要因
　▶ アジャイルへの理解不足
　　新しい手法への抵抗は「知らない」ことから始まります。
　▶ 組織変革の必要性への理解不足
　　現状に満足していると、新しいことへの抵抗感があります。特に、サイロ化している縦割り組織では、自組織の権利や権限にこだわって全体

最適を見失いがちです。新しいことにチャレンジするアジャイル導入には、横刺しの機能横断型組織が求められます。

▶ 組織文化とアジャイル実務との不整合

管理手法には、軍隊調の「命令」から部下を信じる「権限委譲」までいろいろありますが、指示・命令に慣れている組織では、「任せる」ことが苦手です。

◉ アジャイル適応拡大への障壁

▶ 組織文化とアジャイル文化との不整合

試験的にアジャイルを採用してみても、リーダーシップの違いに不安が残る限り、それ以上の適用には二の足を踏むものです。

▶ アジャイル熟練者不足

当初は誰も経験していません。学習から始め、コンサルタントなどの支援が必要でしょう。また、試行錯誤といった考え方を容認する姿勢や文化が求められます。

▶ 変化への抵抗

保守性が強い組織やリーダーが存在すると、かなりの抵抗にあいます。

◉ 困難にしている要素

▶ 基本的信念への固執、管理職の不理解

重複しますが、管理の考え方を変えるために必要なエネルギーは莫大なものです。特に、管理職はリーダーシップ・スタイルを変えなければならないので、それを嫌がり、いままでのやり方に固執する傾向があります。

▶ トップダウン対ボトムアップ

アジャイルは日本型文化によく合います。それは権限委譲を中心とした現場主義だからです。上からの指示待ちではアジャイルはうまく機能しません。組織が徹底した上意下達の文化であるような場合は、組織改革も併せて行う必要があります。

▶ 予測不可能性、広範囲な変化

変化に柔軟に対応するということは、予測不可能性への対応というこ

とです。将来のことは誰にもわかりませんが、不透明な状況でも前進を求められます。これはアジャイルに限ったことではありませんが、リスク・マネジメントの考え方を取り入れて、いつ変更や変化があってもいいように準備し対応することが求められます。

▶ 従来型との違いの大きさ

　アジャイル型プロジェクトを成功させるためには、規則を作り管理を徹底するような従来型の仕組みではなく、現場を信頼し任せられる文化やリーダーシップの手法が求められます。この違いの大きさに悩む管理者が多いことも事実です。ですからアジャイルは、組織改革やリーダーシップの革新であるとも言えるのです。

3

アジャイル・プロジェクト
手法の概略

「アジャイル・プロジェクト」という用語には明確な定義がありません。プロジェクトを進めるにあたってのさまざまな手法が提案されて今日に至っていますので、ここでは次の主な 12 の手法について解説します。

---

1. ウォーターフォール(計画駆動開発)
2. スパイラル(反復型開発)
3. XP（エクストリーム・プログラミング）
4. FDD（フィーチャー駆動開発）
5. リーン(ムダの削減)
6. カンバン(ジャストインタイム；JIT：Just In Time)
7. DSDM（ダイナミック・システム開発）
8. クリスタル手法
9. AUP（アジャイル統一プロセス）
10. SAFe（スケーリング・アジャイル・フレームワーク）
11. DA（ディシプリンド・アジャイル）
12. スクラム(マネジメント・プロセス)

---

1. ウォーターフォール(計画駆動開発)

　この手法はアジャイルではありませんが、プロジェクトの近代化の始まりとして紹介します。ウォーターフォールは、W.W. ロイスによって 1970 年に提唱された手法です。原則として、前工程が完了したら次工程に進むことができるものとして、段階的な進捗管理のしやすさと、前工程による成果物の品質の確保しやすさを狙った手法です。

　プロジェクトを 5 つのフェーズに分けて考えますが、PMBOK®ガイドでは個々のフェーズの中に「立上げ」「計画」「実行」「監視コントロール」「終結」の 5 つのプロセス群を定義しています。発表当時は「ウォーターフォール」

図 3-1 ウォーターフォール型（再掲）

とは呼ばれていませんでしたが、後日、ウォーターフォールと名づけられ、「従来型」として長く採用されています。各フェーズがしっかり完了することが前提なので、フェーズとフェーズの間で「ゲートレビュー」が確実に実施されます。この仕組みは組織のガバナンスにも通じるので、堅牢な仕組みとも言えます。言い換えると、「要求定義」が決まらないうちに見切り発車するようなプロジェクトには向きません。

2. スパイラル（反復型開発）

1985 年にベームによって提唱されました。顧客にとって従来型では長期間成果物が見えない、という不満を解消するための手法です。そのために途中で成果物のプロトタイプを作成し、デモをすることによって顧客への可視化を行い、そこから得られる顧客からのフィードバックに基づいて増分の開発を繰り返す手法です。アジャイルの走りとも言われますが、プロセスは従来型を踏襲していました。

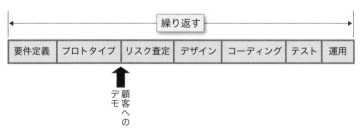

図 3-2 スパイラル型

3. XP（エクストリーム・プログラミング）

2000年にケント・ベックらが提唱した手法で、「変化を抱擁する」あるいは「変化を受け入れる」をスローガンとして、顧客第一主義を推し進めました。その考え方はアジャイルマニフェストにも反映され、その後のソフトウェア開発やアジャイル・プロジェクトの発展に大きく寄与しています。

具体的な内容を紹介します。

◉ソフトウェア開発技術のベストプラクティスを徹底して実施する

▶ 顧客サイトでの作業

顧客とのコミュニケーションを大切にし、作業をオープンにして、報告書に頼らない、お互いに信頼し納得できる作業環境とします。

▶ ペア・プログラミング

ソフトウェアを作成するとき、2人1組（ペア）になって作業します。使用するパソコンは1台で、1人がコーディングしている間、もう1人は側でいろいろな提案をしたり評価したりします。この作業はけっこう精神的に疲れるので、30分や60分で交代します。この活動はユニットテストを並行して目視で行っていることになり、ソフトウェアの高品質が期待できます。もう一つの狙いは知識の共有にあり、お互いの知識やノウハウを遠慮なく伝えることによってお互いの知識レベルが向上します。この考え方は前出の野中・竹内両氏の著作にある「SECIモデル」に準じた仕組みで、相互作用を深めることによって「形式知」と「暗黙知」の両方を伝達できるというものです。間違った使い方の例として、2人が交互に交代して休憩することがあります。これでは知識の共有になりません。

図3-3はSECIモデルの概念を表していますが、詳細は割愛します。

▶ テスト駆動開発(TDD；Test Driven Development)

ソフトウェアをコーディングする際に、そのソフトウェアの目的をしっかり理解して効率のよい開発を行うための手法で、ケント・ベックとエ

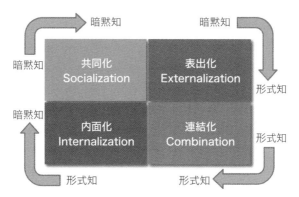

図 3-3　SECI モデル

出典：野中 郁次郎・竹内 弘高著、梅本勝博訳『知識創造企業』（東洋経済新報社、1996）

リック・ガンマによって開発されました。まず先に、期待されるアウトプットが定義され、それをテストするためのテスト・プログラムを作成します。その後で本来作成すべき本番用ソフトウェアをコーディングします。そのソフトウェアをテスト・プログラムと一緒に動かして、インプットやパラメータの変化によるアウトプットの良否を判定します。これによって高品質なソフトウェアが期待できます。具体的には、JAVA でコーディングされたソフトウェア・モジュールをプログラマー（あるいはコーダー）自身でテストするための自動化テストのフレームワークである Junit などを利用します。

▶ リファクタリング

　一つのソフトウェア・モジュールでテストを繰り返していくと、修正に次ぐ修正となったりして、一見複雑なソフトウェア・モジュールが出来上がることがあります。これでは保守性が下がったり、何らかの変更が必要な場合に、理解が遅れて作業効率が下がったりします。リファクタリングとは、ソフトウェアの機能はそのままにして、整理されたコードに書き換えることです。書き換えた後は当然テストが必要ですが、トラブったとしても直前まで正しく動いた実績がありますから、デバッグは容易なものとなるはずです。見た目にも美しいコーディングにはバグが少ないものです。

◉開発サイクルを反復する

▶ タイムボックス

　タイムボックスとは限定された時間枠のことで、基本的にはすべての作業や会議などについて事前に時間を決めておきます。例えば開発期間を2週間と決めておき、その期間で完了可能な機能やフィーチャーを選んで開発します。要するに、機能やフィーチャーに応じた開発期間を設定するのではなく、逆に時間枠を決めておいてその期間内で開発できるように機能やフィーチャーを分割したり細分化したりして作業します。もしその期間に完了できなかったら、次の期間で行えるように再スケジュールします。会議体についても、例えば、毎朝行う顔合わせ的な会議(デイリースタンドアップ)では15分と決めておいて、超過しないように内容を簡略化します。議論が必要な場合には、別途会議をセットアップします。一般的には椅子に座らずに立ったまま会議をします。

▶ イテレーション(2週間の反復)

　タイムボックス化されたスケジュールを繰り返し実行します。例えば、2週間と決めた開発期間を1単位として、反復します。

Column　イテレーションの反復期間

　最初なぜ2週間としたのか理解できませんでしたが、米国で働いたときにわかりました。これはPMBOK®ガイドにおけるWBSのワークパッケージの大きさについての考え方と同じで、管理しやすい期間なのです。なぜかというと、米国の作業者の多くの給与が「2週間払い」だからです。米国のシリコンバレーで経験したことですが、彼らは仕事が切りのいい時期に終わると、条件のいい次の職場を求めて転職してしまいます。そのため、コスト管理やスケジュール管理を2週間単位で行う必要があったのです。確かにアーンド・バリュー法(EVM)を使ってマネジメントする場合、コストの流れと価値が同期しているので管理しやすいのです。日本は支払いがほとんどの場合月単位なので、2週間という管理サイクルでは同期がとれません。

4. FDD（フィーチャー駆動開発）

　FDD（Feature Driven Development）は、成果物をユーザー視点でモデル化する手法として、2002 年にパーマーとフェルシングによって発表されました。開発者とユーザーとが同じ言葉でコミュニケーションする必要性から、フィーチャーという用語が採用されました。そのフィーチャー単位で開発することで、ユーザーにとって非常にわかりやすくなるというのが特徴です。

　XP と同様に 2 週間単位の開発規模をタイムボックス化し、技術的にはDOM（Domain Object Modeling）という図法を採用し、システムの振る舞いを UML（Unified Modeling Language）という言語で記述し、わかりやすく可視化を図りました。構成管理(コンフィギュレーション・マネジメント)を採用したことも特徴の一つです。

　図 3-4 はモデル化した例ですが、システムに関わる人々（アクター)を定義し、アクターからの要求に応じてシステムがどう振る舞うのか、そしてシステムからの要求に応じてアクターがどう振る舞うのかについて表しています。実際には UML で詳細に記述しますが、ここではユースケースとして簡略化しています。

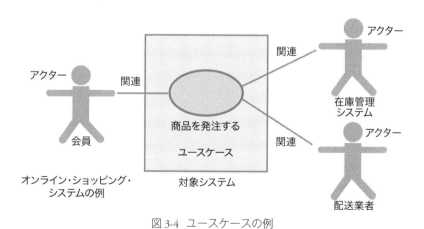

図 3-4　ユースケースの例

5. リーン（ムダの削減）

　2003年にメアリー・ポッペンディークらが提唱した手法で、トヨタ生産方式を手本にし、ソフトウェア開発を成功させるための原則を基に、具体的な実務慣行を生み出しました。アジャイルで使われる改善手法については後で詳述します。

七つの無駄	アジャイルで使われる改善手法
1. 作りすぎ：量や金メッキ	⇒　MVP、MMF
2. 手待ち　：レビューや承認待ち	⇒　スプリント・レビュー
3. 運搬　　：かけもち	⇒　ケーブ（洞窟）とコモン
4. 加工　　：価値のないプロセス	⇒　情報ラジエーター
5. 在庫　　：未完成の作業	⇒　WIP制限
6. 動作　　：コミュニケーション・ミス	⇒　浸透コミュニケーション
7. 不良　　：技術的負債	⇒　テスト駆動開発

6. カンバン（ジャストインタイム；JIT）

　カンバン（JIT；Just In Time）は、2010年にデビッド・アンダーソンによるトヨタの工程管理研究として発表されました。その特徴として、トップダウン型マネジメント、ワークフロー改善、現場における可視化のために看板の

活用、一定のペースに基づく開発、コストを考慮した優先順位づけ、仕掛り品の最小化などがあります。実際にトヨタで使われている「かんばん」とアジャイルで使われている手法とは異なるので、アジャイルではカタカナで「カンバン」としています。

　トヨタのワークフロー改善を利用したのがオンデマンド・スケジューリングです。TOC理論（制約理論）とリーン開発に由来したプルベースのスケジューリング概念に基づき、要求量とチームの処理量の最適化のために、チームの仕掛り作業（WIP：Work in Progress）を制限します。つまり、仕掛り作業が滞ってボトルネックになることを防ぐのです。そのためには、プロダクトやプロダクト増分の開発時に、事前に作成したスケジュールには依存しないで、資源が利用可能になると直ちにバックログまたは中間生成物の待ち行列から、実施すべき作業を取り出す手法です。「ベルトコンベアー式にモノが流れてきて、そのペースで作業する」という方法ではどこかでボトルネックが生じやすいのですが、作業員のペースに合わせて部品などが届くように全体を調整すれば、仕掛り作業が最小化できるという手法です。ジャストインタイム（JIT）とも呼ばれます。

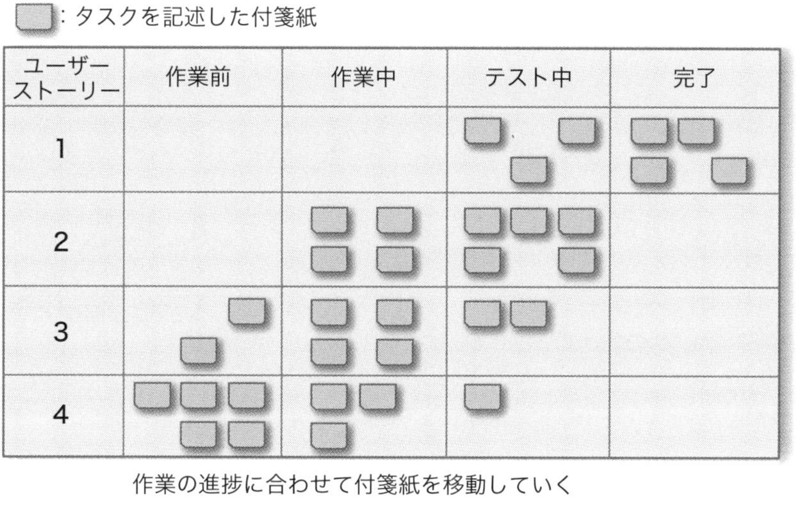

作業の進捗に合わせて付箋紙を移動していく

図3-5　アジャイルで使われるカンバンの例

7. DSDM（ダイナミック・システム開発手法）

事業価値を達成するために、ステークホルダー・マネジメントに焦点を当てる手法として 1995 年に発表されましたが、改良版として「Atern」が 2008 年に発表されています。DSDM では、適合性と潜在的な問題領域を把握するための「アジャイル・プロジェクト適合性アンケートと組織適合性アンケート」が実施され、従来型とアジャイルの使い分けを提案しています。後日、この考え方から、「アジャイル適合性フィルター」が開発されました。

DSDM では、プロジェクトの実務として次の三つのフェーズを提案しています。

---

1. プリ・プロジェクト
2. プロジェクト(FS、ビジネス調査、機能モデル、設計開発、実装)
3. ポスト・プロジェクト

これらの特徴として次の項目が挙げられます。

● プロジェクト完了は計画の時点で設定
● ステークホルダーからの変更要求に柔軟に対応
● タイムボックス化
● イテレーションごとに成果物を納品

---

8. クリスタル手法

クリスタル手法はプロジェクト手法の集合体であり、プロジェクトの規模（人数）とプロジェクトの重要性に基づく分類によって、採用するプロジェクト手法を決めるためのツールとして発表されました。

例えば、次のようなものです。

● 重要度を色で表す ⇒ クリティカル性：ミッション・クリティカル（赤）
● 最も重要度が低い特性 ⇒ クリア（透明）

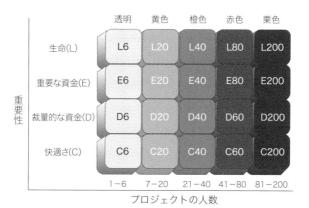

図3-6 プロジェクトへの参加人数と重要性による色分け

クリスタル手法の コア・バリュー（プロジェクト成功の要素）として、次の要素が定義されています。

1. 人
2. 対話
3. コミュニティ
4. スキル
5. タレント
6. コミュニケーション

コミュニケーション手法として、浸透コミュニケーション(コスモティック・コミュニケーション)が採用されています。浸透とは、直接的なコミュニケーションとは別に、情報が自然に流れるような環境によって徐々に伝わっていく様子を表しています。

9. AUP(アジャイル統一プロセス)

AUP(Agile Unified Process)は、ソフトウェア開発プロジェクトのためのUP(Unified Process)のアジャイル版として発表されました。同様な RUP(Rational Unified Process)は IBM 版として 1999 年に発表されたものです。その後、DA(Disciplined Agile:ディシプリンド・アジャイル)へと発展していきました。

大きな単位では連続的であり、小さな単位では反復的であるという性質を持ち、時間の経過とともに漸増的なリリースを行う手法です。より迅速な開発のためにプロセスを軽くし、加速化し、正式なデリバリー(納品)の前にフィードバック収集を行いプロダクトに反映させます。次の 7 つの主要分野を定義していて、より反復的なサイクルを実行します。

1. ビジネス・モデル
2. 実行
3. テスト
4. デプロイ(展開、配備)
5. 構成管理と変更管理
6. プロジェクトマネジメント
7. 環境

10. SAFe（スケーリング・アジャイル・フレームワーク）

SAFe（Scaling Agile Framework）は、組織（Enterprise）のあらゆるレベルでの開発作業をスケーリングするための手法として 2011 年に発表されました。そこには次のような原則があります。

1. 経済的な視点を持つ
2. システム思考を適用する
3. 変化を想定し複数の選択肢を残す
4. 素早い、統合された学習サイクルで漸進的に構築する
5. 動くシステムの客観的な評価を基にマイルストーンを設定する
6. 仕掛り中の作業を制限し、バッチサイズを小さくし、キューの長さをマネジメントする
7. ケイデンス（一定のペース）を適用し、領域横断的な計画の策定で同期させる
8. ナレッジワーカーが、自分自身を奮い立たせるようにする
9. 意思決定の分散

11. DA（ディシプリンド・アジャイル）

　DA（Disciplined Agile）は、2012年に、スコット・アンブラーとマーク・ラインズがエンタープライズ・アジャイルとして発表しています。ここでのプロセス・フレームワークは、人を最も重要視した学習思考のハイブリッド型手法であり、「リスクと価値によるライフサイクル」に基づく手法であり、次の特徴があります。

1. ピープル・ファーストであること
2. 学習指向であること
3. アジャイル的であること
4. ハイブリッドであること
5. ソリューションに焦点を合わせること
6. ゴール駆動であること
7. デリバリー（納品）に焦点を合わせること
8. エンタープライズ対応であること
9. リスクと価値駆動を重視すること
10. スケーラブルであること

　アジャイルが始まって以来、さまざまな誤解が生じました。例えば、アジャイルは自由で気ままな活動である、といったことです。「カウボーイ・コーディング」なる言葉が生まれ、個々のプログラマーが好きなように開発してしまうといったこともありました。

　これらはアジャイルマニフェストへの誤解から生じたことですが、DAは組織活動の規律が必要だとして提案された手法であり、過去に発表されたアジャイル手法の集大成的な手法として、発展し続けています。

12. スクラム(マネジメント・プロセス)

　スクラム(SCRUM)は、2011年にケン・シュウェイバー、ジェフ・サザーランドらが提唱した手法で、ソフトウェア開発のマネジメント面に焦点を当てています。そこでは、チームを自律的に動かすための場作りのフレームワークとして、プリンシプル(原理・原則)やプロセスを定義しています。

　前述したように「スクラム」の名前は野中・竹内論文に由来しますが、アジャイル・プロジェクトにおけるマネジメントに焦点を当てた基本となっています。スクラムについては個別に取り上げ、基本となる次のポイントで詳細を解説します。

● 6つのプリンシプル(原理・原則)

● 5つの観点(側面)

● 5つのフェーズと20のプロセス

4

スクラムの全体像と
プロセスの概略

この章ではスクラムについて全体像とプロセスの概略について解説します。いわゆる「立上げ」から「終結」まで、プロジェクトの一連の流れを理解することによって、従来型とアジャイル型との違いが明確になります。

1. 6つのプリンシプル（原理・原則）

スクラムにおける基本的な考え方から学んでいきます。次の6つのプリンシプルで構成されています。

> 1）実証的プロセス・コントロール
> 2）自己組織化
> 3）協働
> 4）価値による優先順位づけ
> 5）タイムボックス
> 6）反復開発（イテレーション）

これらの関係について図示すると図4-1のようになります。プロジェクトにとってどれが最も重要なのか、というような比較ではなくて、各領域の相

図4-1　6つのプリンシプルの相互作用

互作用やバランスによって全体がうまく回るというイメージです。

個々の領域について解説します。

1）実証的プロセス・コントロール（Empirical Process Control）

実証的であるということは、理論に基づくというより、事実や実績および経験に基づく効率的かつ効果的なプロセス管理を行うということです。アジャイルでは、指示・命令に基づくような一般的な「管理」を行いませんが、実際の仕事の流れがうまく行っているかどうかを監視し、問題があればチームをうまく導くという目的でプロセスを「コントロール」します。そのために必要な次の活動があります。

●透明性を保つこと

すべての活動を協働するすべての人々に見えるようにします。そのためにさまざまな可視化の技法を活用します。これによって情報の共有化が進み、会議なども効率的になります。

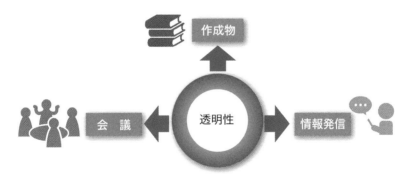

図 4-2　透明性

●オープンであること

透明性を保つためには積極的にオープンにならなければなりません。そうすることによってチームワークがよくなります。通常、人事情報や個人情報などの機密情報や機微情報以外はすべてオープンにします。

◉**成果物の検査結果から情報を収集すること**

　推測や憶測ではなく、現実に得られた情報に基づいた判断や活動を行います。図4-3の「スクラムボード」は上位の意思決定機関です。

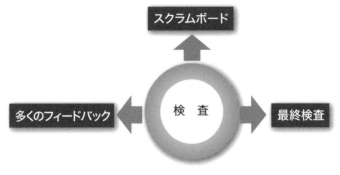

図4-3　検査

◉**適応すること**

　透明性と検査から得られた情報を次の作業に反映させて、積極的かつ継続的に改善します。そのためには情報や知識の共有化を積極的に行う必要があります。

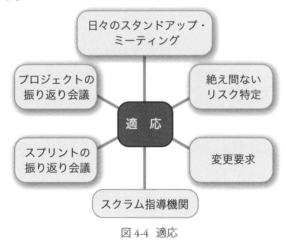

図4-4　適応

2）自己組織化（Self-Organization）

　自己組織化とは、自律型チームを構築することです。上意下達による指示・

命令ではなく、自ら進んで積極的に役割を担い作業を達成していくという特性を持つチームは、より大きな価値を創出できるのです。要するに、責任を受け入れオーナーシップを共有する、ということに他なりません。「自己組織化」は、自らを律し自主的である「自律」と、独立性を有する「自立」の両方の意味合いを持ちますが、「協働」の精神を重視するアジャイルでは「自律」を重んじます。

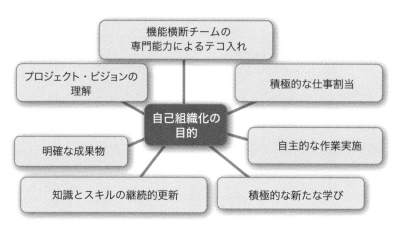

図 4-5　自己組織化

　自己組織化のために、チーム全員で行動規範を決めることがあります。次に、その例を示します。

《行動規範の例》
- 指示出し、指示待ち、役割設定をしない
- 最低限のルールの厳守
- ミーティングでの遅刻や時間延長なし
- 振り返りでの個人攻撃をしない
- プロジェクトを掛け持ちしない
- スプリント内でのスコープやタイムボックスの変更なし

3）協働（Collaboration）

　従来「協力（co-operation）」という用語がよく使われていましたが、最近では関係者がさらに密接に活動する意味で、「協業」や「協働」が使われるようになりました。協業や協働のために求められる、次のような活動があります。

◉気づき（Awareness）

　互いを気遣い、互いの作業内容を理解することで協働の精神が生まれます。また、困ったときには助け合うことによってチームのシナジー効果が生み出され、作業の効率化が図れます。この活動を基本として次の「明瞭な分割」があります。単に役割分担だけを明確にするだけでは自分の領域に固執して協働できません。サイロ化が始まってしまいます。

◉明瞭な分割（Articulation）

　作業を明確な単位に分解し、それをチームメンバーで分かち合って作業します。そして作業が完了したら再び統合します。つまりタスク単位で作業し、個々の作業が完了したら結合や統合を実施するのです。これを「継続的な統合」とも呼びます。この活動のためには協働や気づきが欠かせません。

◉充当（Appropriation）

　各自の作業に適する技術やツールを採用します。ときどき、標準化された手法やツールをルール化して作業員に義務づけるような管理が見られますが、これでは個人の作業の効率の最大化は図れません。標準どおり作業すれば「良し」とするようなレビュー側の効率の最大化は、現場には役立ちません。PMBOK®ガイドにも明確にされていますが、標準化は規制やルールではなく、あくまでガイドなのです。

　協働のメリットを図式化すると図4-6のように表せます。

4）価値による優先順位づけ（Value-based Prioritization）

　作業の優先順位は価値の大きさによって決めます。顧客要望は、通常、顧客によってフィーチャーという形で表現されますが、それをそのまま使ったりエピックやユーザーストーリーといった形式に整理したりします。そこに含ま

図 4-6　協働

れる価値は顧客にとっての事業価値(Business Value)を意味しているので、その大きさに沿って開発していけば、顧客の満足を早く達成することができることになります。結果として価値の小さな要求事項は後回しになりますが、ビジネスにとって価値の大きな要求事項のほうが重要なので当然なことです。ここで考えなければならないのは、「できることから始める」のではなく、「やらなければならないことから始める」のです。その「やらなければならないこと」を決めるのが優先順位づけなのです。これがプロの仕事の考え方です。

　したがって、プロダクト・オーナーは顧客やスポンサーと、その価値の大きさについて協議し、その大きさに準じてユーザーストーリーに優先順位を付けます。作業を行うチームメンバーは、その優先順位を基本とし、実務上の条件を加味して実際の開発順序を決めるのです。その条件とは、作業の依存関係とプロジェクトのリスクです。

　依存関係は、主に技術上の条件です。それには二つの作業間の性格による関係やプロジェクトの外部との関係などがあります。どの作業を先に行うかを決める手法に「プレシデンス・ダイアグラム法」があります。その例(AON：アクティビティ・オン・ノード)を図 4-7 に示します。ここでは、A と B という二つの作業間の関係を表しています。

　リスクには、プロジェクトの不確実性に由来するプラスやマイナスのリスクがありますが、一般的な特性として、なるべく早いうちに対処するとその効果

終了─開始
(Finish to Start：FS タイプ)
A が終了するまで B は開始できない。

終了─終了
(Finish to Finish：FF タイプ)
A が終了するまで B は終了できない。

開始─開始
(Start to Start：SS タイプ)
A を開始するまで B を開始できない。

開始─終了
(Start to Finish：SF タイプ)
A を開始するまで B を終了できない。

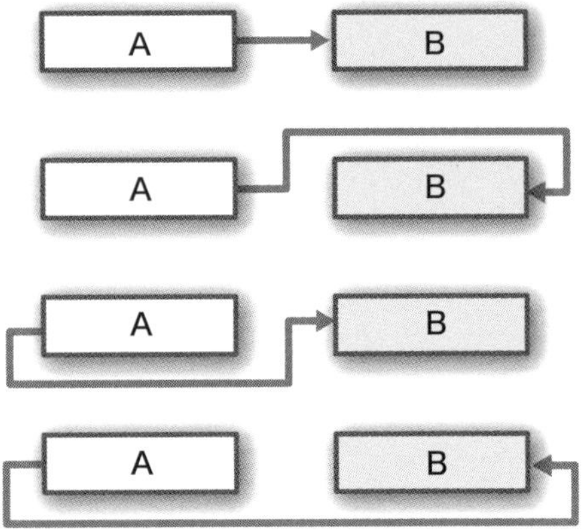

図 4-7　二つの作業間の依存関係

が高まることが知られています。これらの関係を総合的に判断して優先順位を見直し、「優先順位付バックログ」とします。

　「バックログ」とは、これから実施されるべき作業の総量を表し、チームはこれを見て 1 回の反復期間における作業を見積もるのです。さらに作業が追加される場合には、バックログ全体を見直して優先順位を付け直し、次の反復期間での作業見積りに反映します。要するに、追加作業があった時点ですぐに作業するわけではありません。

　バックログに追加してあらためて付けた優先順位に従い、次回以降の反復期間で作業します。リスクを加味した優先順位づけの概念を図4-8に示します。

図 4-8　リスクを加味した優先順位づけ

優先順位を付ける場合によく使われる手法を紹介します。

◉**資金分配法**

　プロジェクト予算と同じ金額の疑似紙幣を使って、個々のユーザース
トーリーに割り振ります。これは顧客主体の作業です。これによってチー
ムは顧客の意向を知ることができます。

◉**狩野分析**

　1984 年に狩野紀昭氏が提唱した顧客満足モデルです。まず、喜びや満足
を与える要素に優先順位を高く付けて、先に作業します。そうすると顧客
にとってあまり付加価値の高くない要素が後回しになって残ってしまいそ
うですが、結果的には無駄が省けるとも言われています。この概念を図 4
-9 に示します。

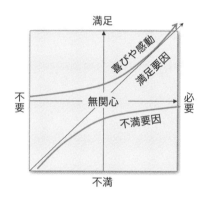

図 4-9　狩野分析

◉ **Focus On、Focus Off**

　製品やサービスのトレードオフに着眼し、「△△より○○」という表現
で、重視する点と犠牲にする点を明確にする手法です。例えば、次のよう
なトレードオフがあります。

- ●快適性より燃費
- ●セキュリティより使いやすさ
- ●機能よりデザイン
- ●新規顧客より既存顧客
- ●効率より効果

これをトレードオフ・スライダーと呼び、図 4-10 のように表すことがあります。

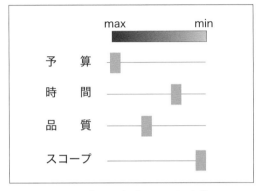

図 4-10　トレードオフ・スライダー

5)タイムボックス

さまざまな活動を一定の時間枠に固定する考え方です。具体的には次の活動に適用します。

- スプリント（反復開発の単位）
- 日々のスタンドアップ会議
- スプリント計画会議
- スプリント・レビュー会議
- スプリント振り返り会議

これらの活動におけるタイムボックスの例を図 4-11 に表します。この図は一般的な時間配分を表しています。

6)反復開発(イテレーション)

タイムボックス化された開発期間を繰り返しながら、最終成果物に向かって作業を進める手法です。反復の中でプロダクトの増分(increment)を開発して、顧客へのデモを行うので、顧客にとっては成果物が目に見えて安心感が高まります。図 4-12 では、リリース 1 と 2 が顧客への納品を示しています。また反復開発におけるレビュー時にデモを行って、顧客からのフィードバッ

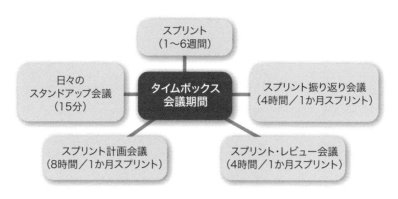

図 4-11　タイムボックスの例

クを入手し、以降の反復開発でそれを成果物に反映させます。結果として、徐々に手持ちの「バックログ」が減っていきますが、途中で追加された要求事項によってバックログが増えることもあります。

立上げに「反復0」がありますが、アジャイルでは「インセプション（始まり）」とも呼ばれます。この期間で、PMBOK®ガイドにおけるプロジェクト憲章と同じように、プロジェクトの目的や目標がインセプション・デッキとして明示されます。

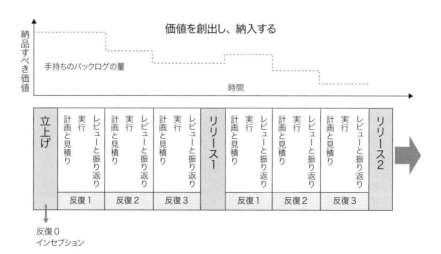

図 4-12　反復開発の例

◉インセプション・デッキ

アジャイル・プロジェクトの立上げのときに、プロジェクトの全体像(目的、背景、優先順位、方向性等)をわかりやすく伝えるための要素をプロジェクト憲章にまとめたドキュメントです。

▶ WHY
- 我々はなぜここにいるのか？
- エレベーターピッチ

  次のことを簡潔にまとめる。

  「★をしたい★のために★を提供し★と違い★ができる」

  例えば、これらの事項をエレベーターが1階から2階に上がるまでの間に簡単に説明できる、という意味で使われます。ここでの「ピッチ」は「説明」の意味です。
- 製品パッケージ
- やらないことリスト
- いざというときに頼りになる近隣者を見つける

▶ HOW
- 解決策は何か？
- 心配事は何か？
- 何カ月かかるか？
- 何を諦めるか？
- いくらかかるか？

2. 5つの重要な観点（側面）

6つのプリンシプルを具体化するための5つの側面について解説します。

1）組織

　　スクラム・コアチームの役割と責任

2）ビジネス正当性

　　なぜそのプロジェクトが必要なのか

3）品質

　　ビジネス価値を達成する性能や能力

4）変更

　　変化への積極的対応

5）リスク

　　好機と脅威への継続的対応

1）組織

　スクラムのプロジェクトを実行する組織は、スクラム・コアチームと呼ばれます。そのチームは、プロダクト・オーナー、スクラム・マスター、スクラム・チームによって構成されます。それぞれの役割について理解します。

●プロダクト・オーナー

　プロジェクトの立上げ時に、組織上のしかるべき人から任命されます。プロダクト・オーナーは、ビジネス側とプロジェクト・チームとの間に立って、ビジネス要求事項を達成するために必要なプロダクト・バックログを定義し、優先順位づけします。この活動はプロジェクトの最初から最後まで繰り返し実施されます。ビジネス側の要求がすべて満足し、あらたな要求がなくなったり、予算がなくなったりした場合にプロジェクトの終結を宣言します。

チームによって作成された成果物を評価し、その内容をチームにフィードバックします。あらかじめ設定された合格基準とリリース計画にのっとり、完成した成果物を顧客にリリースします。

◉スクラム・マスター

プロジェクトの立上げ時に、組織上のしかるべき人とプロダクト・オーナーによって任命されます。スクラム・マスターはチームのリーダーですが、スクラム・チームのための最適な作業環境を整えるように、「サーバント・リーダーシップ」や「スチュワードシップ」を発揮し、チームの自主性を重んじます。この考え方を表す表現として、「背後からリードする」という言い方があります。「俺についてこい！」というような強いリーダーシップ・スタイルではなく、チームを形成しながら、その成熟度に合わせたリーダーシップ・スタイルをとり、権限委譲を核にした「自律型」や「自立型」チーム育成を図ります。

大規模プロジェクトでは複数のスクラム・チームが構成されますが、チーム間の最適なコミュニケーションのために、スクラム・マスター同士の会議体(SoS：スクラムのスクラム)に参加します。

◉スクラム・チーム

優先順位づけられたプロダクト・バックログに基づいた作業見積りと計画をイテレーションごとに策定し、それに沿ってプロジェクト成果物を作成します。作業見積りのためには、バックログの中のユーザーストーリーを要素分解して作業しやすいタスクに分解し、タスクの所要期間見積りを行います。作業の役割分担は自主的に行います。

成果物作成後のスプリント・レビュー会議で、プロダクトの漸増分をプロダクト・オーナーと顧客に提示(デモ)します。その結果、プロダクト・オーナーと顧客からのフィードバックを受け、成果物を納品したり改善したりします。

◉自律型チームの形成

自律型チームを形成するためには、チームにとって必要なスキル構造があります。一般に「ジェネラリスト(総合職)」と「スペシャリスト(専門職)」

に分類されますが、機能横断型チームを形成するためには、さまざまな専門的スキルを有しながら幅広い知識を有している複数の人間が必要です。それを個人のレベルで表現すると、いわゆる「T字型」のスキルセットを持つことになります。つまり、一つの専門領域を持ちながら、浅くても幅広い領域の知識を持っていることを意味します。ちなみに、単一領域の専門家を「I字型」と言います。

●チーム育成手法に関する理論

　チームの育成とは、最初は単なる集団であった「グループ」から目的や目標を共有した「チーム」を作り上げ、チームワークを育んで、集団活動のシナジー効果をあげるように働きかけることです。そのためのさまざまな理論が存在しますが、「これがすべてにとって最良」というものはありません。集団や個人の特性、文化などによって、「チーム」についての考え方やリーダーシップのあり方も異なるからです。アジャイルは少人数でのチーム構成を基本としているので、ここではアジャイル・プロジェクトでよく使われる考え方や理論について紹介します。

●コンフリクト・マネジメント（対立のマネジメント）

　人が集団で活動するときには対立が発生しやすいものです。できるだけ問題や軋轢を起こさないようにとか、できるだけ穏便にとか、グループ内またはグループ間の和を乱さないように、などと指導することがあります。これは対立解消の方法の一つですが、完全な解消とはならず、心の奥底に不満が残りやすいものです。

　対立の解消は当事者同士の話し合いが必須ですが、リーダーとしてはなるべく早く対立の解消に向けて支援しなければなりません。集団活動には対立があるものと理解したうえで、その対立のレベル（程度）に合わせた解消手法を活用します。また、対立は当事者だけの問題として扱うのではなく、チームとして解決することによって、さらにチームワークが強固になると言われています。結果として、お互いに満足できるように本音で議論し、Win-Winとなるための手法を活用します。

　次に、アジャイルでよく使われている対立のレベルを紹介します。この

中では、レベル 1 の対応が望まれますが、レベル 5 は最悪です。

《対立のレベル》

レベル 1：問題解決(情報共有と協力、オープンかつ事実重視)

例)無理を承知でお願いしますが、チケットを再発行願えませんか?

レベル 2：意見の不一致(対立解消より自己保身、聞く耳を持つが保守的)

例)その案を推す立場もわかりますが、それだと私の仕事が増えるん
　　ですよ。

レベル 3：コンテスト(対立解消より勝利、個人攻撃)

例)自分が楽だからってそういうけど、他人の迷惑考えないの?

レベル 4：反対運動(自チーム保護が第一、イデオロギー的)

例)あいつらさえいなければうまくいくのに。

レベル 5：世界大戦(相手を破壊!、コミュニケーション不全)

例)やつらを痛い目にあわせてやる!

●マグレガーの XY 理論

マグレガーは、動機づけ理論の一つとして XY 理論を発表しました。

X 理論：人は元来、仕事が嫌いだから逃げたがる：未成熟な人には、統制やアメとムチなどの手法で対応する必要があります。

Y 理論：動機づけによって自ら働く：成熟した人には、権限委譲を基にした手法を採用します。アジャイル・プロジェクトには Y 理論を適用します。

Z 理論：マグレガーが研究途中で急逝してしまったので未発表のままですが、さまざまな研究者が研究を引き継いでいるようです。例えば、マズローによれば、Z 理論は「個人は、自己実現、価値観、より価値のある仕事などによって動機づけされる」ことを表している、としています。またウィリアム・オオウチによれば「従業員とその家族の幸せを重視し、終身雇用によって動機づける」ものとしています。

●マズローの欲求五段階説

　マズローは、人の動機づけの共通概念として「欲求五段階説」を唱えました(図4-13)。人の欲求は下から順に達成される(ジャンプしない)というものです。リーダーとしてこの理論から学ぶことは、個々のスタッフの動機づけのレベルがどこなのかを理解する必要があるということです。そのた

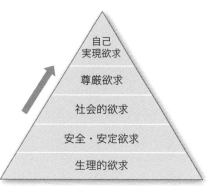

図4-13 マズローの欲求五段階説

めには普段からのコミュニケーションが大切です。失敗例を挙げてみます。

　ある人が「安全・安定欲求」が満たされていないレベルにいるとすると、その人に「社会的欲求」レベルの対応をしても効果がありません。安全のための「住居」がないと悩んでいる人に、社会的な「出世」の話をしても馬耳東風と言えるでしょう。言い換えると、その人が抱えている悩みのレベルで解決しないと、五段階における一つ上のレベルにはいかないということです。

　試験対策としては五段階の順番を覚えましょう。ただし、その標準用語(翻訳語)が確立されていないので、試験問題では応用力を発揮して取り組んでください。

●タックマン・モデル

　タックマンは、チーム形成プロセスの研究結果として、プロセス・モデルを発表しました。それが次の図に示す成立期から解散期までの5段階です。用語はPMBOK®ガイドに準拠しています。

●**成立期**：この時期は単なる集団(グループ)の状態で、チームメンバーは初対面の状況を表しています。まだまだ求めるような相互協力や協働はできていません。この時期、リーダーは仕事のアサインなど、指示型の強いリーダーシップ・スタイルを発揮せざるをえません。
●**動乱期**：この時期は任命された仕事の開始時から始まります。メン

バーは自分の仕事を進めるのに精いっぱいで、まだ相互協力は期待できません。この時期にリーダーはなるべく早く個々人の心の垣根を外すようなチーム形成活動を促進します。一緒にお茶をしたり食事をしたりするのもその例です。

- **安定期**：この時期では自分の仕事も進んできて、チーム内の個々人を理解し、心の安定が始まります。相互に理解し合うことによって助け合いも始まります。そこでリーダーは相互理解促進のための活動を進めます。お互いの悩みを打ち明けたり、仕事内容を教え合ったり、あるいはクロス・トレーニングなどもよい実務慣行です。
- **遂行期**：この時期はお互いに信頼し合い、仕事の効率も上がり、最もよいチームの状態です。リーダーはこの時点では権限委譲に基づいて細かい指示はしないようにします。これによって協働が進み、自律型のチームとなります。この時点での細かい指示は、かえって「うちのリーダーは細かくてうるさい」というようなマイナスの効果を与えることになりかねません。リーダーとしては、あくまで「例外による管理」が中心になります。

　つまり、リーダーは、チームの状況を見定めながら、各段階の特性に見合ったリーダーシップ・スタイルを発揮するようにするのです。自律型チームは安定期から遂行期で形成されますが、成立期や動乱期ではリーダーからのなんらかの指導が求められます。

　この時期ではいわゆる「強力なリーダーシップ」が必要ですが、安定期以降では「サーバント・リーダーシップ」が有効になります。また、「マグレガーのY理論」もこの時点で有効になります。最初から「サーバント・リーダーシップ」や「Y理論」を適用すると、チームはリーダー不在と感じて混乱してしまい、崩壊することがあります。

　成立期から遂行期までに要する期間は、リーダーシップの特性やチームの力関係などに左右されますが、成功事例では1〜2週間です。チーム形成に失敗したり時間がかかったりすると、プロジェクトの進捗遅れの原因になります。逆に言えば、よいチームが形成されるとよいパフォーマンスを達成できるのですが、よいチームとなるまでの間は、理想的なパフォーマ

ンスを達成できません。したがって作業見積りでは、その分を見込んだ作業所要期間としなければなりません。現実に、最初から理想時間で計画してプロジェクトの遅れとなるケースが多いものです。

　タックマン・モデルを図示化すると、図4-14になります。

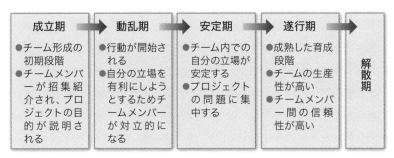

図4-14　タックマン・モデル

●リーダーシップ・スタイルのSL（状況別対応）理論

　歴史的に見ても世の中には多くのリーダーシップ理論があって、どれが普遍的に最良なのかという判断はできません。最近では、対象となる人物の成熟度に合わせたリーダーシップ・スタイルをとることがよいとされています。ここでは、一般に認められている「ハーシーとブランチャードのSL（Situational Leadership）理論」を紹介します。

　彼らは、有効なリーダーシップはメンバーの成熟度によって異なると考えました。つまり、対象人物の状況や成熟度に合わせたリーダーシップ・スタイルを発揮することが重要だとしています。

　図4-15は、その理論を概念的に描いています。マグレガーのXY理論の応用と考えると理解しやすいでしょう。図の右下（M1）がX理論想定の領域で、そこから右上（M2）

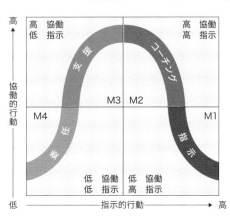

図4-15　SL理論

のコーチング、左上(M3)の支援を経て、左下(M4)のY理論想定領域へ到達するまでの道筋を表しています。

2）ビジネス正当性

　スクラムでいうところのビジネス正当性とは「ビジネスケース」に他なりません。そもそも何のためのプロジェクトなのか、について全員が理解し、行動のベクトルを合わせる必要があります。先述しましたが、アジャイル・プロジェクトでは、PMBOKガイドでの「立上げ(Initiation)」ではなく、「インセプション(Inception)」という用語を使うことがあります。そこで「プロジェクト憲章」や「プロジェクト・チャーター」と呼ばれるプロジェクトの概略と活動方針を表した文書を作成し、ステークホルダー（関係者)の理解を得ます。その内容の中心は、誰のためにいつどのような価値を創出するのか、ということに尽きます。このことを「価値駆動開発」と呼びます。

　「価値」の定義は、プロジェクトのステークホルダーによってまちまちになってしまうことがよくあります。これでは目的や目標がバラバラになってしまうので、プロジェクトの成功はおぼつかなくなってしまいます。そこで本来の目的を明確にして、全員の心を一つにして活動するために、プロジェクト憲章に「達成すべき価値」を記述するのです。この文書を「インセプション・デッキ」とも呼んでいます。

　図4-16は、アジャイルを導入するためのビジネスケースの概略を表しています。

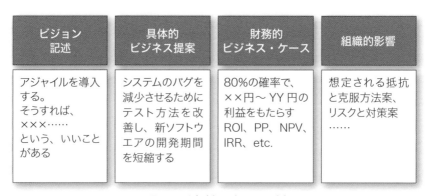

図 4-16　ビジネスケースの例

　まずビジョンを明確にし、そのための具体的なビジネス提案を記述します。その提案には一般に「投資」が必要になるので、経営陣にとってわかりやすい形で投資効果を記述します。最後に組織的影響ですが、新規プロジェクトや改革にはリスクが付きものです。そのリスクのための対応策案を提示して準備怠りないところを示します。そうすることで経営陣も安心し、「Go」サインを出せるというものです。

◉ビジネス正当性の評価技法

　ビジネスケースの中に財務的な数値を示す場合には、財務専門家の協力が欠かせません。次のようなパラメータがあります。試験対策としては概略を理解し、これらの値は「大きいほどよい」と覚えておきましょう。

- ROI：Return On Investment　投資対効果
  - ➡投資に対する利益の割合　ROI＝利益／投資
- PP ：Payback Period　回収期間、PBP（Pay Back Period）
  - ➡投資した金額を回収する期間（短いほどよい）
- DCF：Discounted Cash Flow
  - ➡将来価値を利率によって算出する
  - ➡あるいは期待する将来価値から現在価値を逆算する
- NPV：Net Present Value　正味現在価値
  - ➡現在価値から初期投資を差し引いた額（もうけ）
- IRR：Internal Rate of Return　内部収益率
  - ➡ NPV ＝ 0 としたときの利率

◉継続的な価値評価法
▶EVM（アーンド・バリュー法：Earned Value Method）

　財務的な評価技法はプロジェクトへの投資効果を事前に算出するために使われますが、実際にプロジェクトが稼働した場合には、その効果を継続的に測定して評価しなければなりません。そのためによく使われる手法に EVM があります。

プロジェクトで発生するコストをすべて投資として捉えて、その投資に見合った価値を生み出したかどうかを継続的に管理し判断していきます。継続的という意味は、日常管理としてプロジェクトの管理サイクルの中で測定し評価することです。仕事が進んでいるかどうかという管理は、計画駆動型や予測型では計画時に策定したスケジュール・ベースラインという管理基準に基づき行われます。

　一方、アジャイルでは「動く成果物」という価値を管理基準とするので、その成果物の価値を測定して評価する手法が一般的です。そのためにEVMが採用されています。

　図4-17は一般的なEVMの概念を表しています。この図での納期は、アジャイルではリリースを表しています。アジャイルでも最初にリリース計画を策定するので、リリースまでに消費したコストを投資として捉え、完成したフィーチャーや機能を価値として捉えて作図します。ACP試験ではEVMの詳細な計算問題は出題されないようですが、EVMの概念はしっかり理解する必要があります。

　EVMにおける主要なパラメータの概略を説明します。

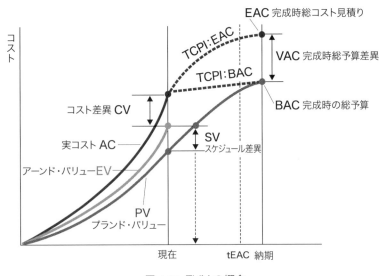

図 4-17　EVM の概念

- PV（Planed Value）：目標とする価値（BAC）を達成するために投資するコストの累積額（計画値）

- EV（Earned Value）：測定時点までに実際に達成した価値の累計（出来高）

- AC（Actual Value）：測定時点までに実際に投資（支出）したコストの累計

- SV（Schedule Variance）：測定時点での EV と PV との差額（スケジュール差異）。スケジュール進捗度合いを価値という金額で表す。

- CV（Cost Variance）：測定時点で達成した価値（EV）と実際に使ったコスト（AC）との差額（コスト差異）

- BAC（Budget At Completion）：達成すべき価値の総額（予算総額）

- EAC（Estimate At Completion）：目標とする価値を達成するために、最終的に必要となる投資額（コスト）の見積り（完成時総コスト見積り）。この見積りのためには4種類の算出式があるが、ACP では出題されないようである。

- VAC（Variance At Completion）：EAC と BAC との差額

- CPI（Cost Performance Index）：EV ÷ AC で求められるコスト効率指数

- SPI（Schedule Performance Index）：EV ÷ PV で求められるスケジュール効率指数

◉**累積フロー図（CFD：Cumulative Flow Diagram）**

　EVM と同時に使われる技法に CFD があります。これは、未着手のもの、作業中のもの、そして完成したものについて全体を可視化して管理する手法です。

　図4-18 はその例ですが、縦軸にユーザーストーリーという価値を置いて、横軸にスプリントという反復の時間軸を置きます。この中で「予定」が上下していますが、顧客からの要求事項の増減を表しています。そして「完成」と「予定」との差異が「仕掛り」で、現場での作業中を表しています。理

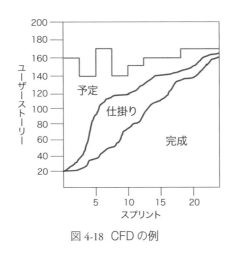

図 4-18 CFD の例

想は「仕掛り」をなくし、早く「完成」にしたいのですが、現実的ではありません。そこで、いかに「仕掛り」を少なくするか、というようにプロセスなどを改善します。このような図法は、コンピュータを使って算出するよりも、手作業で簡単に素早く作成し、現場に表示するようにして、作業員が全体の状況を共有することを目的に置いています。

3）品質

ウォーターフォール型では、品質管理や品質保証などのプロセスを構築し、品質監査を含めた活動によって品質を担保してきました。ところが、アジャイル・プロジェクトでは全員が品質に責任を持つという概念から、チームの中に品質の担当者を置く必要がないという実務慣行になっています。これは元来、ジョセフ・ジュランが提唱した TQM（Total Quality Management）の中で、「組織におけるすべての階層で継続的改善を目指すこと」の具体的な活動なのです。

欧米では、「品質は品質担当者が責任を持って達成するもの」という実務慣行がありましたが、アジャイルでは日本型の「全員が品質担当である」という考え方を具現化したものと考えられます。

◉品質の定義

　品質目標を達成するためには、単に心構えだけではできません。「よいもの」といってもステークホルダーによって期待がまちまちになってしまいます。時に「世界一の品質」という目標を立てたりしますが、「世界一」であることを証明できなければ単なるメッセージだけで終わってしまうことになります。

　そこでスクラムでは、「品質とは、顧客が期待するビジネス価値を達成する性能や能力」と定義して、具体的な測定を可能にし、顧客満足につなげようとしたのです。それがユーザーストーリーごとの「受入れ基準」と全ユーザーストーリー共通の「ダン（DONE）」の定義に現れています。この二つに合格してはじめて納品できるようにプロセス化します。このプロセスの考え方は、PMBOK®ガイドにおける「品質検査」と「妥当性確認」の順序と似ています。ダンが品質検査に相当し、受入れ基準が妥当性確認に相当します。

◉スコープの定義

　計画駆動型や予測型ではスコープ（作業範囲や仕様）ありきで、スコープを達成するようにスケジュールや資源および予算などを設定してきたことはすでに学びました。そのスコープにも「プロジェクト・スコープ（作業範囲）」と「プロダクト・スコープ（仕様）」の二つがあり、顧客に納品するプロダクトの品質目標を達成するために、「プロジェクト・スコープ」の改善を図るように考えてきました。

　では、タイムボックス化されたアジャイルではどう考えればいいのでしょうか。スクラムでは、「スコープとは、プロダクト増分や最終プロダクトを作成するための作業の総和」と定義しました。これはPMBOK®ガイドにおけるプロジェクト・スコープに相当します。フィーチャーやユーザーストーリーがプロダクト・スコープに相当します。

◉品質とビジネス価値

　用語が定義できたところで、ビジネスと品質との関係を考えてみます。先ほど「世界一の品質」について説明しましたが、それを証明しようとすると調査のためだけでも莫大なコストがかかるだろうことは想像に難くあ

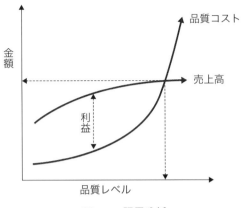

金額

品質コスト

売上高

利益

品質レベル

図 4-19　限界分析

りません。品質を高めることは決して悪いことではありませんが、作成しよ
うとしている成果物に求められる品質を明確に定義しないと、どこまで投
資すればよいのか、あるいはどこまでテストすればよいのか、現場が悩ん
でしまいます。

　例えば、一般的なハサミを考えてみます。顧客は、ちょっと紙を切れれ
ばよくて、長い間使おうとは思っていないところへ、「このハサミはなんで
も切れて一生ものです」と言って売り込んでも、「そんな立派なものは不要
です」と断られるでしょう。100円均一ショップのハサミで十分なわけです。
この場合、「弊社では常に最高の品質を追求しています」という営業トーク
は顧客における必要条件にはなりません。

　これを概念的に表したのが図4-19です。図は限界分析について表してい
ますが、ビジネスとしてどの品質レベルで勝負するのかを決めなければな
りません。日本では「安かろう、悪かろう」の製品は嫌われますが、それ
でもいいという文化や顧客が存在することも事実です。この図における品
質コストと売上高の交差点がビジネスの限界であり、これ以上の品質を追
求するのは「芸術」などの特殊な世界でしょう。したがって、ビジネス価
値が適切に創出されるように限界分析を実施して、どの領域でビジネスを
するのかという品質方針を明確にしなければなりません。

◉**受入れ基準と優先順位付プロダクト・バックログ**

　品質の項で説明したように、2段階の確認が必要です。その二つについて説明します。まず、個々のユーザーストーリーの受入れ基準により成果物を妥当性確認する例を紹介します。

　例として、「山本さん」という「ペルソナ(登場人物)」の要求を満たすようにユーザーストーリーを記述します。それが実証できれば、妥当性確認がとれたことになります。これは次のように表すことができます。

《ペルソナ》

　山本さんは3人の子どもを持つ36歳の女性で、仕事と家庭を上手に両立させて忙しく働いている。彼女は革新的なサービスや製品をいち早く取り入れることに喜びを感じている。彼女は常に数台の機器をインターネットに接続し、定期的にE–コマース・ショップで買い物をしている。

《ユーザー・ストーリー》

　オンラインの食料雑貨店で買い物をする山本さんとしては、自分のすべての機器からの注文のドラフトを保存して見ることができるようにしたい。そうすれば都合がいいときに注文を確定することができる。

《受入れ基準》

- あらゆる進行中の注文は、ログインしているユーザーアカウントに、ドラフトとして5秒ごとに保存されなければならない。
- 新規の注文のドラフトは、そのユーザーがログインしているすべての機器に通知されなければならない。

図4-20　ペルソナと妥当性確認

　全ユーザーストーリーに共通の受入れ基準(DONE；ダン)は、開発者の視点で作業が完了したことを意味するので、その意味をチームで定義し、全員で共有する必要があります。その内容に品質検査官や監査官の役割を含めることもできます。

　図4-21はプロセスの流れを表しており、受入れ検査に合格しなかったら、

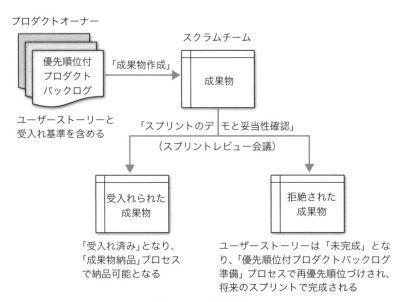

図 4-21　受入れ基準

そのユーザーストーリーは再び「バックログ」に戻されて、次回以降のスプリントで再作業されることになります。実際、いつ作業するのかは再優先順位づけによって決められます。

▶ 品質マネジメントのプロセス

　チームの中に特別な品質担当者は任命しません。全員が品質担当として品質マネジメント活動に当たります。その活動や考え方をプロセスとしているので、PMBOK®ガイドのようなインプットやアウトプットを定義していません。

▶ 品質計画：顧客第一主義

　品質における顧客満足達成のための概念、方法について定義します。

● 優先順位の高いものから開発を行う

　優先順位づけには MSCW（Must, Should, Could, Would（Will not））方式などが有効です。個々のユーザーストーリーの特性から、それが「必須」なのか、「あるべき」なのか、「できたらいい」なのか、「あったらいい」程度なのかについて顧客と一緒にランク付けします。Would は結果的にWill not（今回はやらない）にランクされます。

● 「技術的負債」を最小限に維持する

　上工程で作ってしまった瑕疵(不具合)が下工程で問題や課題となって現れることを「負債」と言います。つまり、瑕疵が現れたら何らかの対処を必要とするので、それにかかるコストを負債と呼んでいます。品質は上工程で作り込む必要があるということです。

《例：開発における不良対応遅れの要因》
- 設計書やテストコード作成の先送り
- ソースコード中の積み残し項目
- コンパイラの警告対応
- 情報共有(コメント等)の手抜き
- 複雑すぎるコード

　例えば、本来はリファクタリングを随時行うべきですが、動いているコードを触りたくない、という気持ちから技術的負債が溜まっていくことがあります。

　技術的負債は開発の下流工程や顧客へ納品した後に発現しますが、当然、早期に解決しなければなりません。そのときには関係者が集まって活動します。その状態をスワーム(Swarm：群れ)と呼びます。ちょうど蜂が巣に集まっている様子を表しています。

●持続可能な作業ペースとする

　残業や休日出勤など、マイルストーンを守るための無理な作業速度は品質を下げる要因となり、作業員による継続的でよい作業を期待できません。チームメンバーのモチベーション維持のためにペースを一定にすることが求められます。このことを「ケイデンス」と呼んでいます。音楽用語のカデンツ(cadenz)と同じ意味です。

▶ 品質コントロールと品質保証

●プロダクト品質とプロセス品質を向上する

　全員で継続的改善活動を推進し、プロセス品質を高めることによってプロダクト品質の向上を図ります。そのための活動の一環として、スプリント・レビュー会議での振り返りが有効です。

▶ 継続的統合

● スモールバッチ・システム

　プロダクト品質向上の手法として、小さく作った複数のプロダクト(モジュール)を結合し、全体を統合する開発手法があります。小さなプロダクトの検査は、大きな規模のプロダクトよりも簡単で確実に実施できます。要するに、単体テスト時点で品質を確保しておけば、それらの組み合せとなるプロダクトの検査はインターフェースに特化することができるので、確実性が増すことになります。この手法を「スモールバッチ・システム」と呼んでいます。

◉ **スクラムの PDSA** （Plan Do Study Action)**サイクル**

　エドワーズ・デミングによって提唱された PDCA サイクルは、改善されて PDSA （Plan Do Study Action)サイクルとなりました。

　スクラムにおける改善活動を図示化すると図 4-22 のようになります。

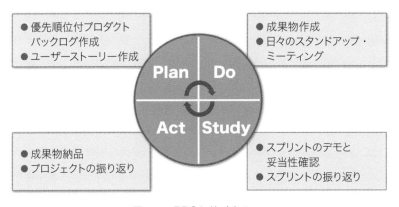

図 4-22　PDSA サイクル

4)変更

　変化への積極的対応を旨とするアジャイルでは、プロジェクトへの変更要求は要求されたフィーチャーやユーザーストーリーと同列に扱われます。図 4-23 に示されたように、顧客から出された一連の変更要求はプロダクト・オーナーと一緒に優先順位づけされ、すでに優先順位づけされていたプロダ

クト・バックログに組み入れられ、全体として再優先順位づけされます。そして以降のスプリントにおいて優先順位に従って作業されるのです。

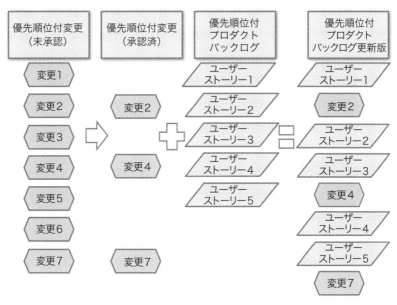

図 4-23　変更のプロセス

●未承認および承認済み変更要求

　アジャイルは「俊敏」や「敏捷」という意味で、変化に素早く対応するという趣旨で使われていますが、変更要求があったからといってすぐに対応するわけではありません。実際、変更要求はいつでも受けつけますが、実施されるのは次の反復以降になります。受けつけた時点ですぐに実施するものではありませんが、変更の大きさによってその判断が変わることがあります。そのために承認レベルを変更による影響度によって分けることがあります。

　図 4-24 はその概念を表しています。通常の変更要求は次回以降のスプリントで実施されますが、図にあるように、重大な変更の場合には「上位マネジメント」が判断するので、その実施も随時行われる場合があります。

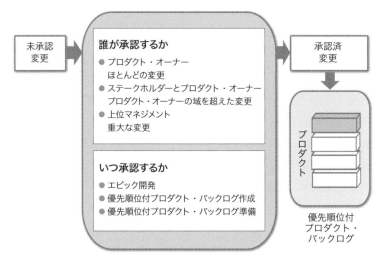

図 4-24　承認レベル

●柔軟性と安定性のバランス

変化を包容し、柔軟性を志向するアジャイルですが、安定性を求める場合もあります。どちらかだけを追い求めると、さまざまな歪が現れてきます。したがって、作業を円滑に進めるためには柔軟性と安定性のバランスをとることが大切です。

●安定性の確保

スプリント・バックログにおけるユーザーストーリーのポイント数を固定することによって作業の安定性を確保し、例えば、作業員の休暇取得が容易になれば動機づけの維持が可能になります。

●柔軟性の確保

柔軟性はアジャイルの基本で、次のような要素によって可能になります。

● 反復開発による変更への対応
● タイムボックスによる効率化
● 組織横断チームによる幅広いスキルの活用

●顧客価値に基づく優先順位づけ

●スモールバッチ・システムによる継続的統合

◉スプリントへの重要な変更

　柔軟性と安定性の両方に対応するスプリント期間の決定要素があります。一般にスクラムでは4週間を標準的なタイムボックスとしますが、変更要求の頻度が少なくなって安定してきたら5～6週間とすることもあります。逆に変更要求の頻度が多くなってきたら1～3週間とすることもあります。ただし、このタイムボックスの変更を頻繁に行うと、作業員のモラールやモチベーションに悪影響を及ぼすことがあるので慎重に行います。この状態を図示化すると図4-25のようになります。

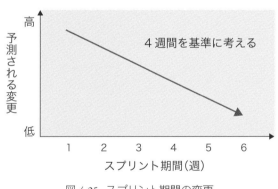

図4-25　スプリント期間の変更

5）リスク：好機と脅威への継続的対応

　リスク・マネジメントの活動についてはPMBOK®ガイドに詳しいので、ここでは必要最小限の解説に留めます。

　まず「リスク」とは何かを理解します。

　リスクは、プロジェクトになんらかの影響を及ぼし、将来発現する可能性がある事象のことを指します。その可能性は、0％から100％の間を意味していて、発生する事象は必ず課題や問題として扱い、リスクとしては扱いません。

リスクには、プロジェクト全体に影響を及ぼす「全体リスク」とプロジェクトの個別目標に影響を及ぼす「個別リスク」があります。また、プラスの影響を及ぼすリスクとマイナスの影響を及ぼすリスクという区別もあります。つまり、一つの要因が、見方によってプラスになったりマイナスになったりするのです。

例えば、為替レートは円安になったり円高になったりという変動事象ですが、立場が違えば同じ事象に喜んだり悲しんだりする人が存在します。一方、自然災害のようにマイナスの影響のみとなるリスクを純粋リスクと呼びます。

一般のプロジェクトでは、その中で対処可能なリスクのみを取り扱います。プラスのリスクを好機と捉え、その影響をいかに活用するか、そしてマイナスのリスクを脅威と捉え、その影響をいかに少なくするか、というような活動を継続的に進めることが大切です。いずれにせよ、「いつ発現するかわからない」という特性があるので、リスク・マネジメントは継続的な活動であるとされています。

◉リスク態度

リスク対策は組織の文化に影響を受けやすいと言われます。

リスクを洗い出したり対策を立案したりする場合には、さまざまなステークホルダーから意見を求めます。ところが、人によってリスクへの考え方が異なるので、簡単にまとまるものではありません。特に、対策にはある程度の資金を準備する必要があるので、スポンサーや組織からはネガティブな意見が出やすいものです。

要するに「起こるかどうかわからないことにお金をかける」ことへの反発があるのです。この状況はステークホルダー1人ひとりの「リスク態度」の違いによるものです。

ステークホルダーのリスク態度には次のような要素が関係します。

●**リスク嗜好**：やたらリスクを好む特性
●**リスク許容度**：どの程度ならば許容可能なのか(受容できるのか)

リスクしきい値（閾値とも書きます）は、許容度を数値化した値です。さらに、次のような「ユーティリティ機能」と呼ばれる特性もあります。

> ● **リスク嫌い**：基本的にリスクそのものを嫌う
> ● **リスク中立**：好きでも嫌いでもない
> ● **リスク探し**：リスクを好んで積極的にリスク探しを行う

このようなリスク態度やユーティリティ機能が人によって異なるので、しっかりとステークホルダー分析を行って適切なリスク・マネジメントを遂行する必要があります。

◉ リスク・マネジメントのプロセス

スクラムでは二つのプロセスが定義されています。

▶ リスク特定

このプロセスでは、すべてのリスクを洗い出して、リスク登録簿やリスク管理票などの文書にまとめておきます。いろいろなリスクが考えられますが、「当該プロジェクトに関係する」と特定したリスクをすべて洗い出すので、「特定」というプロセス名になっています。この時点では具体的な対策はまだ不要ですが、案やアイデアなどがあれば追記します。

▶ リスク査定（分析）

このプロセスでは、特定されたリスクを分析して優先順位を付けます。この優先順位は対策のための投資の優先順位であり、「起こるかどうかわからない」リスクにお金をかけることに否定的なステークホルダーを説得する材料になります。リスク対策のみならず「予算を平等に配賦する」のではなく、「重要な事項に重点的に投資する」ことが大切です。

この分析には、定量的分析と定性的分析の二つがよく使われます。定量的分析では、文字どおりリスクの大きさを数値化します。また、その発生確率との乗算で期待金額価値を算出して対応策への可能性を分析することによく使われます。

図4-26は、意思決定の分岐を選択肢1、2として、マイナスの影響を数値化しています。

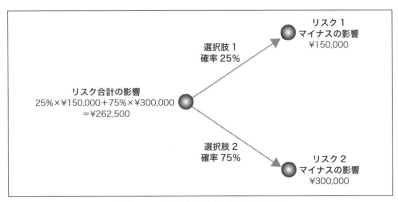

図 4-26　リスクの定量的分析の例

　定量的分析は分布や確率を応用した手法なので、簡単ではありません。したがって、実際のプロジェクトでは定性的分析のみで済ますことが多いようです。定性的分析は、具体的な金額ではなく、発生確率と影響度を基に複数のリスクを比較することによって優先順位を付けます。例えば、「AとBとはどちらが重要か」というテーマでは、一対比較法などが採用されて優先順位が決定されます。

　一般に、発生確率(P)と影響度(I)を掛け算した値をリスク・スコアやリスク・エクスポージャー（E：Exposure）として比較検討します。発生確率や影響度も厳密な数値ではなく、「大中小」や「LMS（Large, Medium, Small）」などの記号で表すと理解が得られやすいものです。

　E＝P×I　エクスポージャー＝発生確率(P)×影響度(I)

　他にも、重点対策を決める手法としてパレート図を使うことがあります。図4-27は、筆者があるITシステムの障害状況を分析した時に使った例です。パレート図は「80対20の法則」とも呼ばれていて、図中の左側の三つの要因が全体の80％を占めていることを表しています。これらを重点項目として対応します。

　リスクには「いつ発現するのかわからない」という特性があり、なるべく早く事前に対応すべきであるという考え方があります。これを「緊急度」と呼んでおり、緊急度の高さも優先順位を決める要素の一つです。

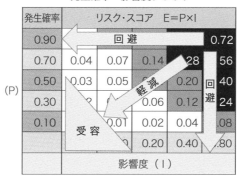

図 4-27　パレート図の例

発生確率・影響度グリッド

発生確率	リスク・スコア　E=P×I					
0.90	回避					0.72
0.70	0.04	0.07	0.14	28		56
0.50	0.03	0.05		0.20	回避	40
0.30			0.06	0.12		24
0.10	受容	0.01	0.02	0.04		08
		0.20	0.40		80	
影響度（I）						

図 4-28　リスク・エクスポージャー（脅威）

　図4-28は、発生確率と影響度を基にリスク・エクスポージャーの大きさを脅威について表しています。ちょうど九九の表と同じようですが、その中で黒地に白抜きの数字の部分のリスクが非常に大きいことを表しています。そのリスクへの優先順位を高くして、なるべく早く対応しなければなりません。

　灰色地に黒字の部分のリスクは小さいので、受容できるものと判断できます。白地に黒字の部分のリスクはさらなる分析が必要ですが、いずれに

せよ、積極的に事前対策を行うのか、あるいは受容して事後対策とするのかのどちらかの対策に分けることになります。

対策には、図にある「回避」「軽減」「受容」の他にも「転嫁」「エスカレーション」があります。

◉リスク対応策

5つのリスク対応策について説明します。

▶ エスカレーション

プロジェクト・チームの責任範囲を超えるようなリスクは、ポートフォリオ、プログラム、あるいはオペレーションなどの組織レベルにエスカレーションして対応を委ねます。

▶ 回避

$E = P \times I$ で表したリスク・エクスポージャーをゼロにする対応策です。P（発生確率）あるいはI（影響度）をゼロにするわけです。一般に、この対策のために非常に大きな投資を必要とします。プロジェクトにおける意思決定では「プロジェクト中止」が最も大きな対応策です。

▶ 転嫁

第三者へ責任を移管します。そのためには保険などの投資が必要となることがあります。例えば、危険な作業を下請けに発注するような契約も転嫁の一つです。

▶ 軽減（低減）

最も一般的な対応策です。リスク・エクスポージャーを受容できるレベルまで落とす対応策です。その前に「受容」のレベルを決めておかなければなりません。受容するということは、「残存リスクがある」ということですから、残存リスクが発現した場合の対策を準備しなければなりません。それを「コンティンジェンシー対策」と呼びます。要するに、積極的な事前対策と事後対策の2段階対応策です。用語としては、原語はMitigationなので「軽減」でも「低減」でもかまいません。試験対策としては両方で覚えておきましょう。

▶ 受容

リスク・エクスポージャーが非常に小さく受容可能と判断できる場合

の対応策で、積極的な事前対応策をとりません。事後対応策としてのコンティンジェンシー対策を準備するか、無視するかのどちらかです。これには軽減策の後に残った「残存リスク」や、対策したために発現する可能性のある「二次リスク」を含みます。

◉スクラムにおけるリスク対応策の実施

ウォーターフォール型プロジェクトでは、リスク対応策を、WBS などを含むプロジェクトマネジメント計画書に記述し、その活動をスケジューリングし、実行します。

スクラムでは、優先順位づけされたリスク対応策はプロダクト・オーナーによって選別され、プロダクト・バックログへ追加されます。そして全体の再優先順位づけを行って次のスプリントでの実行順序が決められます。つまり、リスク対応策もバックログにあるユーザーストーリーと同列に扱われます。図 4-29 はそれらの関係を表しています。

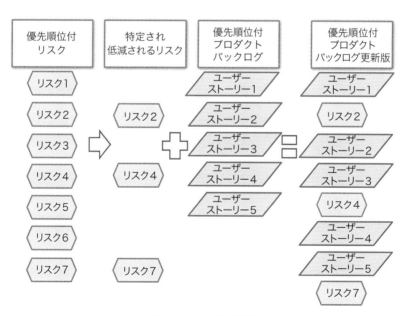

図 4-29　リスク対応策

●リスク・コミュニケーション

不確実性という特性から、リスクの発現や影響に関しても注意深く監視しなければなりません。事前対応策を実施したからといって安心してはいられません。その効果を見定める必要がありますし、場合によっては追加対策を準備したり、あるいは発現の見込みがなくなれば終結したりする必要があるでしょう。

この活動はチーム全員で行うので、常に全員がリスクの現状を把握できるようにするべきです。ただし詳細までは不要なので、図4-30のような全体像としてのリスク・プロファイルを作成して掲示すると効果的です。

この図の縦軸が「リスクの可能性」となっていますが、リスクの大きさを表しているので、前述したリスク・エクスポージャーの値とすると理解しやすいでしょう。個々のリスクの大きさがスプリントを経るごとに小さくなっていく様子を表しています。このような資料も、簡単に作成して、チームで共有できるように壁に貼りつけておくような工夫が求められます。

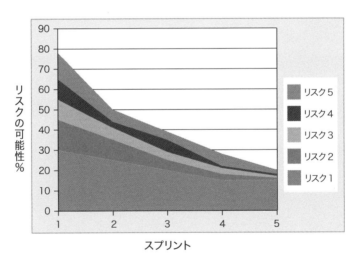

図 4-30 リスク・プロファイル

3. 5つのプロセス群（20 プロセス）

　スクラムの6つの原理・原則と5つの重要な観点を学んできました。こ
の節では、具体的なプロセスについて説明します。個々のプロセスには
PMBOK®ガイド第6版までと同じようにインプット、ツールと技法、アウト
プットの定義がありますが、説明は本書の目的から外れるので割愛します。

1）立上げ：6プロセス
2）計画と見積り：6プロセス
3）実行：3プロセス
4）レビューと振り返り：3プロセス
5）リリース：2プロセス

◉**役割と責任**
　まず、プロセスを進めるために重要な役割と責任について要約してみま
す。図4-31はスクラム・チームにおけるキーとなる役割を表しています。
○印がその主たる担当を示しています。

項目	開発チーム	PO	SM
スプリント計画	○	○	○
技術的な意思決定	○		
プロセス遵守			○
DONE 定義	○	○	○
作業の調整	○		
アジャイルコーチング			○
バックログの優先順位		○	
見積り	○		

図 4-31　役割と責任

1）立上げ

立上げには、次の6つのプロセスが定義されています。

---

1. プロジェクト・ビジョン作成
2. スクラム・マスターとステークホルダーの特定
3. スクラム・チーム編成
4. エピック開発
5. 優先順位付プロダクト・バックログ作成
6. リリース計画策定

スクラムでは立上げをイニシエーション（Initiation）としていますが、アジャイル手法の多くは「インセプション（Inception）」と呼びます。またスクラムでは、この時期を「スプリント・ゼロ」、あるいは「イテレーション・ゼロ」とも呼ぶことがあり、「ユーザーストーリーの実装以外の作業を行うイテレーション」と定義しています。活動内容の例を次に示します。

- バックログの作成
- ツールの設定
- 開発環境の準備
- ビルドやテストの自動化環境の構築
- リリースやインクリメントは作成しない
- タイムボックスを適用しない

プロセスは必ずしも順序立てて実行するものではありません。並行に作業したり繰り返したりして進んでいきます。この考え方は、PMBOK®ガイドと同じです。

プロセスごとの主な作業は次のとおりです。

◉プロジェクト・ビジョン作成

この時点でプロダクト・オーナーが任命され、その下でビジネスケースを基にプロジェクトの全体像を示すプロジェクト・ビジョンを作成します。

●スクラム・マスターとステークホルダーの特定

　プロダクト・オーナーは、チームリーダーとしてのスクラム・マスターを任命し、さらにプロジェクト・ステークホルダーを特定します。

●スクラム・チーム編成

　プロダクト・オーナーとスクラム・マスターは、プロダクト・ビジョンとプロジェクト・ビジョンを参考にして、スキル要件に見合ったメンバーを選びチームを編成します。

●エピック開発

　ユーザーグループ会議が開催され、プロジェクト・ビジョンを基にエピックを開発し、関連するペルソナ(登場人物)を特定し、その特性を記述します。この時点でエピックを分解してユーザーストーリーとすることもあります。図4-32はその様子を表しています。

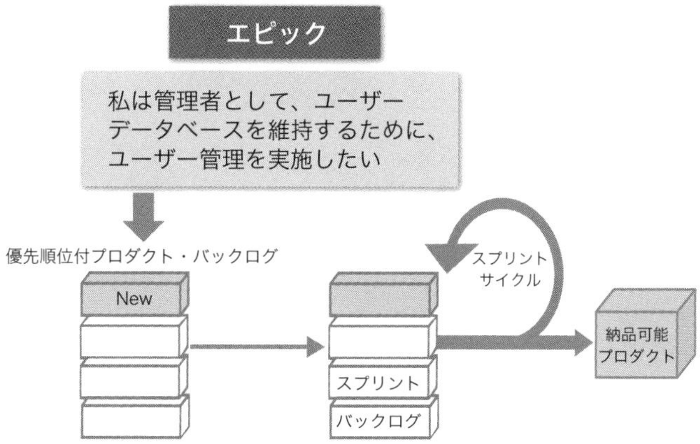

図 4-32　エピックとバックログ

●優先順位付プロダクト・バックログ作成

　この時点ではエピックが洗練されて優先順位づけが行われ、最初のプロダクト・バックログを形成します。同時にエピックやユーザーストーリーの共通の完了条件として「ダン：DONE」を定義します。

◉リリース計画策定

チームはプロダクト・バックログを検討して、ステークホルダーの期待に添うようにリリース計画を策定します。このとき、スプリントの期間を設定します。このプロセスのアウトプットは図 4-33 のように示されます。

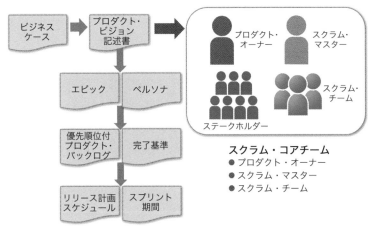

図 4-33 リリース計画のアウトプット

顧客の期待事項が漠然としていることがあります。その場合には、顧客が表現している内容をさまざまな切り口で分類してみるとわかりやすくなります。それを「バーチカル・スライス」と呼んでいます。その分け方の例を次に示します。

- 骨組みと肉づけで分ける
- 業務フロー（受注、梱包、配送、請求等）で分ける
- CRUD（作成：Create、参照：Refer、更新：Update、削除：Delete）で分ける
- ユーザータイプ（一般、管理者等）で分ける
- プラットフォーム（Android、iOS、Web ブラウザ等）で分ける

その他に、受入れテストを参考にして分ける方法もあります。

2）計画と見積り

このプロセス群では次の 6 つのプロセスが定義されています。

1. ユーザーストーリー作成
2. ユーザーストーリー見積り
3. ユーザーストーリーのコミット
4. タスク作成
5. タスク見積り
6. スプリント・バックログ作成

プロセスごとの主な作業は次のとおりです。

◉ユーザーストーリー作成

　エピックを分解したり新たにユーザーストーリーを作成したりして、ユーザーストーリーごとの受入れ基準を決めます。この活動はプロダクト・オーナーを中心に行われ、ステークホルダーの理解が得られるように記述します。

　その際、チームメンバーも参加してユーザーストーリー・ワークショップを開催することもあります。結果としてユーザーストーリーは優先順位付プロダクト・バックログを構成します。

◉ユーザーストーリー見積り

　プロダクト・オーナーを中心として、スクラム・マスターとチームがタスクの工数を見積もることができるように、ユーザーストーリーの大きさを見積もります。

　見積りの単位としてユーザーストーリー・ポイントが付与されます。一般に、最も小さいと思われるユーザーストーリーを選んで「1 点」とし、それを基準として比較しながら他のユーザーストーリーのポイントを決めていきます。このときのツールとしてプランニング・ポーカーなどが活用されます。

　プランニング・ポーカーはフィボナッチ数列を応用したもので、チーム全員がデックを持って、あるユーザーストーリーについてのポイント見積り

図 4-34 プランニング・ポーカー

を提案します。その中で最も低い値を提示した人と最も高い値を提示した人がその理由を説明し、そのあと再び全員で見積りを提示します。この活動は全員が一致するまで続けられます。他にもワイドバンド・デルファイ法やアフィニティ見積りなどが採用されますが、これらについてはツールの章で詳述します。図 4-34 はプランニング・ポーカーの実物写真です。

●ユーザーストーリーのコミット

このプロセスでは、スクラム・チームは一つのスプリントにおけるいくつかのユーザーストーリーの開発をコミットします。コミットしたユーザーストーリーをコミット済みユーザーストーリーと呼びます。コミットに際しては、ストーリーポイントの見積りとチームの人数とのバランスで決定する必要があります。

●タスク作成

コミット済みユーザーストーリーを技術者が理解し、工数見積りが可能なようにタスクに分解します。結果としてタスクリストを作成します。

●タスク見積り

タスクリストから、個々のタスクの工数を時間で見積もります。誰が担当するのかによって変わりますが、理想的な時間ではなく、現実的な時間見積りとします。結果を工数見積り済みタスクリストとします。

図 4-35 はエピック、ユーザーストーリー、タスクの関係を表しています。

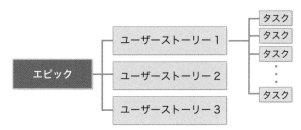

図 4-35　エピック、ユーザーストーリー、タスクの関係

●スプリント・バックログ作成

　コアチームによるスプリント計画会議で行われ、当概スプリントにおける作業すべきユーザーストーリーを決めます。このとき、顧客による価値の優先順位を基にリスクやタスクの依存関係などを加味し、タスク実行のための実際の作業順序を決めます。

　このプロセスは各スプリントの最初の日に実施されますが、作業を予定するユーザーストーリーの数は、ポイント数を基本として、以前に実行したスプリントの実績と傾向をふまえて、チームの稼働状況を加味しながら決定します。

　スプリントごとに達成されるユーザーストーリー・ポイントの総数をベロシティ（速度）と呼びます。これを決定する要因についてはメトリックスの章で紹介します。

　図 4-36 はベロシティの例を表しています。

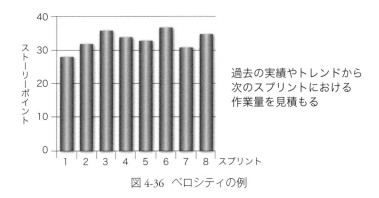

図 4-36　ベロシティの例

このプロセス群における文書類のアウトプットは、図4-37のようになります。

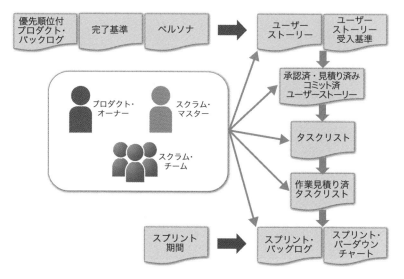

図4-37　計画と見積りプロセスのアウトプット

3）実行

このプロセス群には次の三つのプロセスが定義されています。

---

1. 成果物作成
2. 日々のスタンドアップ・ミーティング
3. 優先順位付プロダクト・バックログ準備（グルーミング）

●成果物作成

　担当したタスクを完了し、ユーザーストーリーを完成させます。完成には、ユーザーストーリーごとの妥当性確認と、すべてのユーザーストーリー共通の「DONE」条件の両方を満たさなければなりません。このプロセスでは、図4-38のようにスプリント・バックログが消化されていきます。

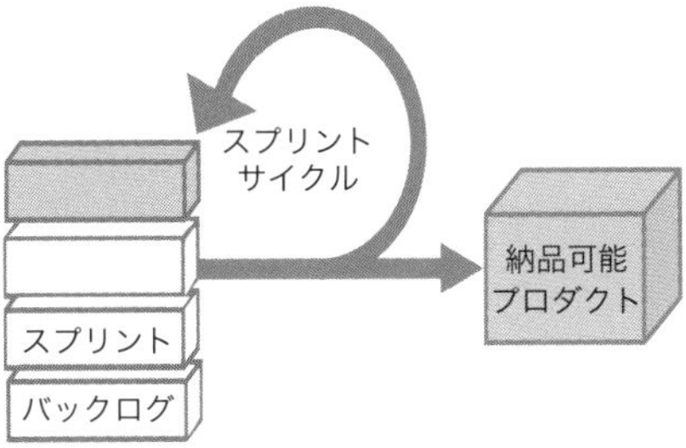
スプリント
サイクル
納品可能
プロダクト
スプリント
バックログ

図 4-38　スプリント・バックログ

◉日々のスタンドアップ・ミーティング

朝会や夕会とも呼ばれ、毎日実施される小会議です。チーム内の情報共有が目的で、何か議論が必要な場合には別会議とします。この会議で全員が発表する内容は、次の 3 点です。

- ●前回から今日までにやったこと
- ●今日から次回までにやること
- ●抱えている問題

発表内容はカンバンやタスクボードなどに反映させて共有します。ミーティングは通常 15 分という長さにタイムボックス化され、延長することがないように立ったまま参加します。図はタスクボードの例です。

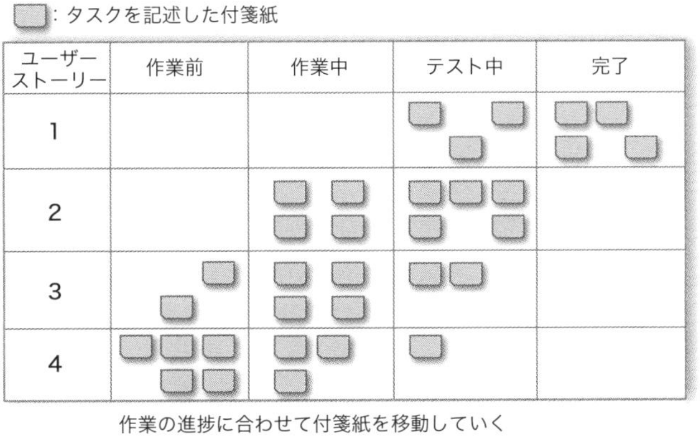
：タスクを記述した付箋紙
ユーザーストーリー
作業前
作業中
テスト中
完了
1
2
3
4
作業の進捗に合わせて付箋紙を移動していく

図 4-39　タスクボードの例（再掲）

タスクボードやカンバンの内容から、完了したユーザーストーリーの数をバーンダウン・チャートや累積フロー図に反映させます。図4-40はバーンダウン・チャートの例で、縦軸がストーリーポイント数、徐々に手持ちのバックログが減っていく状態を表示しています。逆に完成したユーザーストーリーを累積で表すバーンアップ・チャートが使われることもあります。チームとして使いやすいほうを選びます。

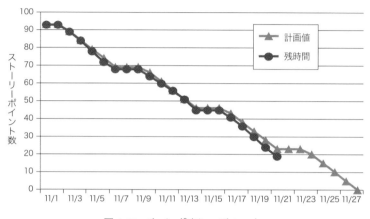

図4-40　バーンダウン・チャート

◉優先順位付プロダクト・バックログ準備(グルーミング)
　一つのスプリントの実行の後半では、次のスプリント・バックログを決めるために、プロダクト・バックログの洗練と最優先順位づけが行われます。この活動はプロダクト・オーナーを中心に行われます。
　このプロセス群のアウトプットは、図4-41のようになります。

4)レビューと振り返り
このプロセス群には次の三つのプロセスが定義されています。

1.　スクラムのスクラム会議(SoS 会議；Scrum of Scrum)
2.　スプリントのデモと妥当性確認(受入れ)
3.　スプリントの振り返り

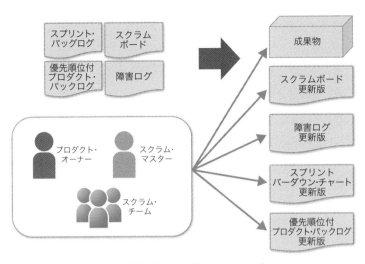

図 4-41　実行プロセス群へのアウトプット

●スクラムのスクラム会議（SoS 会議：Scrum of Scrum）

　アジャイルでは一般に 10 人以下で一つのチームを構成しますが、大きな
プロダクト開発のためには、複数チームの態勢を作り上げることがありま
す。複数のチームが作り上げた成果物を最終的に統合して一つの成果物と
してリリースするので、結合テストや統合テストのタイミングなどについて
同期をとるために、詳細なすり合わせが必要になります。リリースがスケ
ジュール目標になりますが、それに合わせるように各チームの作業計画を
作成します。

　「リリース列車」という用語があります。複数の列車が頭をそろえて待機
している状態が、リリースに合わせて各チームのスケジュールを合わせる
状態に似ていることから使われる用語です。その他、新たな教訓や知見の
共有などについての意見交換も必要になるので、そのための会議体を設置
します。これを SoS 会議と呼び、一つのリリースの中で数回行われること
があります。通常はチームの代表者かスクラム・マスターが参加します。

●スプリントのデモと妥当性確認（受入れ）

　リリースでは正式に顧客へ納品されます。スプリントごとのデモは途中

経過の可視化が目的なので、ユーザーストーリーごとの妥当性確認を主として実施されます。プロダクト・オーナーや顧客を対象として、通常はスプリントの最終日の午前中に行われます。もし顧客が望めば、この時点で完成したユーザーストーリーを納品することもあります。

◉スプリントの振り返り

　このプロセスは、スプリントのデモの後、顧客やプロダクト・オーナーからのフィードバックを基にチームとしてのレトロスペクティブ（振り返り）を行います。そのときに使われるツールに「KPT」があります。

　さまざまな作業の中でうまくいっている手法はこのまま続けるという意味で「K：Keep」とします。何か問題があったりうまくいかなかったりした手法は問題ありという意味で「P：Problem」とします。また問題を解決したり新しい手法を考案したりしたときにはそれを試す意味で「T：Try」としてチャレンジします。

　これらの活動についての状況や情報は他のチームへも SoS を通じて伝達されます。また個々人は自分自身の中でイントロスペクティブ（内省）を行い、自らへの戒めや改善を行っていきます。

　図 4-42 は KPT についてのイメージを表しています。

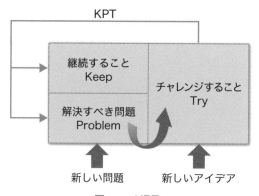

図 4-42　KPT

　このプロセス群のアウトプットを図 4-43 で表します。

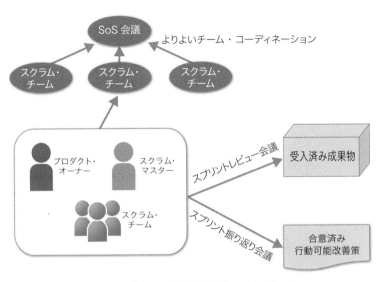

図 4-43 レビューと振り返りのアウトプット

5）リリース

このプロセス群には次の二つのプロセスが定義されています。

---

1. 成果物納品
2. プロジェクトの振り返り

◉成果物納品

レビュー・ミーティングで受け入れられた成果物は、顧客へ正式に納品されます。このときには当然、「ダン：DONE」による完了条件を満たしていなければなりません。

図 4-44 は増分開発についての例を示しています。

- **スプリント 1**：増分 1-1 と増分 1-2 を作成し、それを統合してフィーチャーセット 1 とします。
- **スプリント 2**：スプリント 1 で作成したフィーチャーセット 1 に加えて、増分 2-1、増分 2-2、増分 2-3 を作成し、すべてを統合してフィー

チャーセット 1 ＋ 2 とします。

- スプリント 3：スプリント 2 で作成されたフィーチャーセット 1 ＋ 2 に加え、増分3-1と増分3-2を作成し、すべてを統合してフィーチャーセット 1 ＋ 2 ＋ 3 とします。これを完成した「ソフトウェア・プロダクト」としてリリース(納品)します。

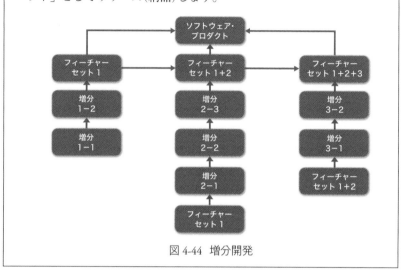

図 4-44　増分開発

●プロジェクトの振り返り

リリース自体はリリース計画に従って何度も繰り返されますが、最終的にはプロジェクトの終結になります。このときにはプロジェクト全体を振り返って教訓を得ます。その教訓はしかるべきリポジトリに保管され、後続のプロジェクトに役立てられます。図4-45 は 1 回のリリースだけを示して

立上げ	計画と見積り	実行	レビューと振り返り	計画と見積り	実行	レビューと振り返り	計画と見積り	実行	レビューと振り返り	リリース
	スプリント 1			スプリント 2			スプリント 3			

図 4-45　レビューと振り返り

いますが、スプリント3におけるレビューと振り返りがプロジェクトの振り返りに相当します。

　このプロセス群のアウトプットを図4-46で示します。

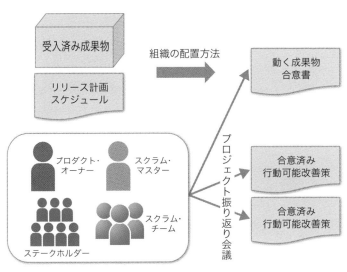

図 4-46 プロセス群のアウトプット

◉**会議のファシリテーション**

　会議を効率よく進め、効果的なものとするためには、出席者の立場や心構えを把握することが大切です。そこで、会議の直前に匿名のアンケートを行います。そこには簡単な「ESVP」が示してあり、この会議へ参加する気持ちについて記入してもらいます。ファシリテーターはそれを収集し、どう進めるとよいのか工夫します。

> 《ESVP》　会議への参加者が匿名でその日のスタンスを示す
> - Explorers（冒険家）：なるべくたくさん学びたい
> - Shoppers（買物客）：何か一つは持って帰りたい
> - Vacationers（行楽客）：できれば早く帰りたい
> - Prisoner（囚人）：いるのが苦痛なので早く帰りたい

▶ コミュニケーションの基本は、「送信者・受信者モデル」

　コミュニケーションは「情報の伝達」を意味します。大切なことは、情報が相手に正しく伝わったのかどうか、ということです。それも相手が正しく理解したうえでのことです。よく「メールを出したからわかったはずだ」という人がいますが、実際にメールを読んだのか、理解したのか、については受信した当人以外にはわかりません。これをコミュニケーション・リスクと言います。このリスクを回避したり軽減したりするためには、情報の受け手が送り手の意思どおりに理解したかどうかを、送り手が確認する必要があります。これを「送信者・受信者モデル」と言います。言い換えると次のようになります。

　送信者は、送った情報の意図を受信者が正しく理解したかどうかを確認する責任がある。

5

ECOの
ツールと技法

第4章では「スクラム」全般について解説しました。その中で使われるツールも含め、PMI-ACP試験のためにECOで指定されている個々のツールについて、目的や手法などを理解する必要があります。本章で紹介する説明や定義は、ACP用にPMI®標準書の説明よりもわかりやすく簡略化しているので、詳細については当該用語を詳述している実務書を参照してください。

　ECOに示されているツールキットは10組あり、その中に74のツールと技法があります。

1. アジャイル分析および設計

　このツールキットには12個のツールと技法があります。今までの説明と重複する部分もありますが、ECO全体の理解のために記載します。

1)プロダクト・ロードマップ（Product Roadmap）

　あるプロダクトに含めるべきフィーチャーや機能をその構築順序や提供順序を概略で示したものです。ストーリーマップと対比させると理解しやすいでしょう。

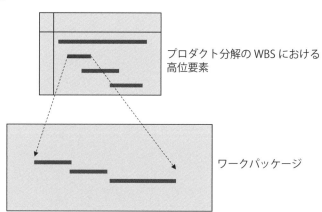

図 5-1　WBS によるマスター・スケジュール

　プロジェクトの開始時あるいは開始前にプロジェクト・ビジョンとともに、これから開発するプロダクトの大まかなブレークダウンとそれを作成する全体スケジュールの概略を示すチャートとして、顧客とプロダクト・オーナーで作成します。

　ウォーターフォール型の場合は WBS 上の高位要素の作成スケジュールに相当し、マスター・スケジュールとも呼ばれます。その例を図 5-1 に示します。

　WBS の高位要素を管理しやすい単位まで要素分解し、ワークパッケージとします。これがユーザーストーリーやフィーチャーに相当します。さらにワークパッケージを分解して、現場における実作業とします。これをスケジュール・アクティビティと呼びます。通常は省略して「アクティビティ」と称しています。このアクティビティ単位で作成したスケジュールを詳細スケジュールや作業スケジュールと呼んでいます。ちなみに PMBOK®ガイドでは、マネジメント・アクティビティを「マネジメント活動」としています。

Column　アクティビティを日本語でどう表記するか？

　「アクティビティ」は、日本語では「作業」と訳したいのですが、「Work」を「作業」と訳したために適切な用語がなくなってしまいました。

　PMBOK®ガイドでは、成果物を作成するアクティビティと管理を主体とするマネジメント・アクティビティの二つがあります。そこで、作業スケジュール表に記載される作業を表すスケジュール・アクティビティを単に「アクティビティ」と称し、マネジメント・アクティビティについては、「マネジメント活動」としました。マネジメント・アクティビティは、スケジュール表に切れ目のない 1 本線で引かれます。

　ちなみに、中国版 PMBOK®ガイドでは、「Work」を「工作」、「アクティビティ」を「作業」としています。

　できれば日本語にしたいのですが、最近はテレビや新聞等でも「アクティビティ」というカタカナ表記が見受けられるようになってきました。「作業」や「活動」ではいけませんか？

2)ユーザーストーリー (User Story)

特定のユーザーのために提供する価値についての簡単な記述で、ユーザーが意図する内容を簡潔に表現します。プロダクト・オーナーを中心に顧客を含めたユーザーストーリー会議などで作成しますが、なるべく技術的専門用語ではなく、ユーザーが明確に理解できる表現とします。これが開発側と顧客側との会話のきっかけになり、開発側としても真の顧客要求を把握できるようになります。

記述内容のスコープ(表現の範囲)によっては「エピック」とも言いますが、あまりに大きな表現で漠然としている場合には、エピックを要素分解して複数のユーザーストーリーとします。

「フィーチャー」という用語がよく使われますが、元来FDD (フィーチャー駆動型開発) 手法の中で定義された用語です。スクラムより先に発表されたので、フィーチャーのほうが一般的になりました。ユーザーストーリーとはほぼ同じ意味合いで使われますが、ユーザーストーリーは「フィーチャー」のサブセットとも言われます。

開発側は、ユーザーストーリーを要素分解し、技術的な作業である「タスク」とします。ここでは技術者が明確に理解でき、作業しやすいように表現します。さらにタスクの所要期間見積りを行い、スプリント内の作業の順序設定に役立てます。図5-2はその様子を表しています。

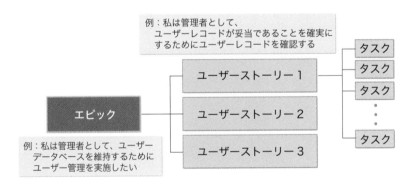

図 5-2　タスクへの分解

◉ユーザーストーリーの特性 (INVEST)

ユーザーストーリーを記述する場合、「私は XXX として、YYY を目的として、ZZZ する」というような文法を決めて表現します。その場合、注意すべき特性があります。6 つの特性の頭文字(英語)をとって INVEST と称しています。

- Independent（独立性）
  —— 他のストーリーとの依存関係が少ないか？
- Negotiable（交渉可能性）
  —— 実現方法の代替案が出せるか？
- Valuable（価値）
  —— ビジネス価値に関連するか？
- Estimable（見積り可能性）
  —— 実装工数をチームが T シャツサイズ(大中小)程度で見積れるか？
- Small（小さい）
  —— タイムボックスに入りきらなければ分解する
- Testable（テスト可能性）
  —— 妥当性確認が可能か？

3）バックログ(Backlog)

ユーザーストーリーを集約したもので、今後の開発すべき機能を含んでおり、バックログの総量がプロジェクトの大きさを表しています。開発側から見るとこれが顧客から依頼された総作業になり、顧客側から見ると投資の全量になります。

個々のユーザーストーリーに、顧客にとっての価値を持たせてあるので、プロダクト・オーナーはその価値に基づいた優先順位づけを行います。開発側はその価値を基にして作業の順序設定を行います。

バックログは計画駆動型における WBS に相当しますが、プロジェクトの進捗につれ、変更要求やリスク対策などによって増減します。つまり、段階的詳細化の典型と言えるでしょう。

バックログには、プロダクト・バックログとスプリント・バックログの2種類があります。プロダクト・バックログは顧客によって定義されたプロジェクトへの要求事項の総量であり、ある時点でのプロジェクトにおける残作業のすべてを表しています。

　一方、スプリント・バックログは、スクラム・チームがスプリント中に完了すべきユーザーストーリーの総量であり、スプリントにおけるある時点での残作業を表しています。

　図5-3にその関係を表します。

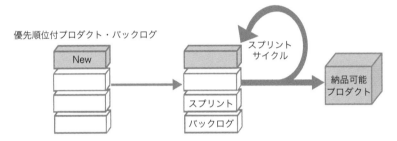

図 5-3　プロダクト・バックログとスプリント・バックログ

4）ストーリーマップ（ストーリー・マッピング：Story Mapping）

　プロダクト・バックログ自体に全体像としての特性を持たせれば、そのプロダクトにどのような機能が存在し、次のリリースに何を含めるのかが、非常にわかりやすくなります。

　要するに、具体的なストーリー性や時間軸を付与すると全体が見やすくなり、チーム、プロダクト・オーナー、その他のステークホルダーとも対話がしやすくなるのです。

　図5-4はストーリーマップの例を表しています。最上位の項目を横軸に見て実行の概略順序とします。縦軸に4つのリリースを表して、その中の横軸では各リリースでどのフィーチャーやユーザーストーリーを開発していくのか、その順序を表しています。この例は開発ではありませんが、ACP受験のための手続きをストーリーとして表しています。

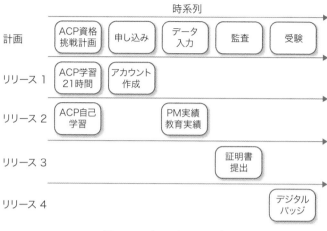

図 5-4 ストーリーマップ

5）段階的詳細化

情報が増え、より精度の高い見積りが可能になるにつれ、計画がより詳細化していく反復プロセスを「段階的詳細化」と呼びます。その中の活動として、次のものがあります。

●バックログの洗練

顧客要求のニーズを満たすために、チームが協働して要求事項をレビューし、更新し、文書化したりする活動です。グルーミングとも呼ばれます。この活動は定期的に行われるので、波の周期をイメージするローリング・ウェーブ法の一つです。

● WBS のローリング・ウェーブ

計画駆動型の WBS も段階的詳細化の対象となることがあり、「ローリング・ウェーブ方式」と呼ばれます。海岸に打ち寄せる波を想像してみてください。一定の周期で、寄せては引き、寄せては引きを繰り返している様子を表しています。

図 5-5 は、左側の「金融取引」の部分が段階的に詳細化され、右側のように要素分解されたことを表しています。

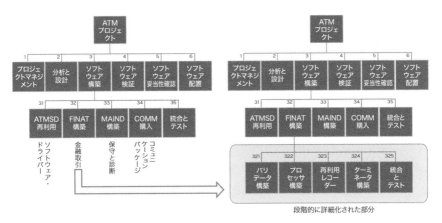

図 5-5　WBS の段階的詳細化

6）ワイヤーフレーム（Wire Frame）

　プロトタイプの一種で、ユーザー・インターフェイス設計に特化したモックアップです。可視化が目的で、顧客にとって画面がどのように見えるのかを示しますが、スケッチのように忠実度の低いものや最終的なインターフェイスを実際に表現する忠実度の高いものまで、さまざまです。一般に、DAR モデル（Display；表示　Action；動作　Response；応答）と併用することが多いでしょう。図 5-6 はその一例です。

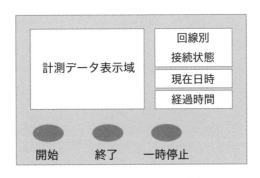

図 5-6　ワイヤーフレームの例

7)チャーター策定 (Charter)

　プロジェクトの概要や活動方針などを文書化した「プロジェクト憲章」を作成します。そこに記述する内容には次の事項があります。

- ●プロジェクトの理由、プロジェクト・ビジョン
- ●プロジェクトによって獲得しようとするベネフィット
- ●完了の定義(リリース基準)
- ●協働の方法

　さらに行動規範としての「チーム憲章」を作成することもあります。その内容には次の事項があります。

- ●持続可能なペースやコアタイム、チームの価値
- ●「Ready」の定義：チームが作業に携わることが可能になること
- ●「Done」の定義：チームが一貫して完全性を判断可能なこと
- ●タイムボックスの尊重
- ●仕掛り作業(WIP)の制限について
- ●会議における振る舞い
- ●会議時間などのグループ規範

　サーバント・リーダーのリーダーシップ(ファシリテーション)により作成しますが、チームメンバーがチームとして最高の能力を発揮できるアジャイル環境を作ることが目的です。

8)ペルソナ (Persona)

　ペルソナとは、目標、動機、代表的な個人的特性で説明される、一連の類似したエンド・ユーザーを表す原型ユーザー（登場人物の類型）のことです。前述した図4-20は、例として、山本さんというペルソナを特定し、その人とシステムとの関係をユーザーストーリーとし、このユーザーストーリーの検証のための受入れ基準を定義しています。このように表現することによって、システムとペルソナの関係がもれなく表現でき、明確な受入れ基準によって品質保

証も容易になります。また具体的なペルソナから、ステークホルダーの特定にも役立ちます。

9）アジャイル・モデリング

　XP（エクストリーム・プログラミング）などのアジャイル手法は最も影響が大きく、活発に議論がなされ、進化を続けているソフトウェア開発の方法論です。ところが、XPが提示したコード中心やテスト先行という考え方は、確かに非常に大きな影響を与えましたが、「XPや各種のアジャイル方法論はモデリングや分析、設計、ドキュメントを軽視している」という誤解を生み出しました。

　そこでアジャイル・モデリングでは、その誤解を解くとともに、最も簡単な道具を使う、一時的なモデルは捨てる、困ったときだけ更新する、といった新たなプラクティスを提示し、さらにXPとRUP（ラショナル統一プロセス）に適用する方法も提示したのです。

10）ワークショップ

　ワークショップとは、関係者が一堂に集まって作業をすることです。アジャイルでは、主に次の二つが開催されます。

◉ユーザーストーリー・ワークショップ

　プロダクト・オーナーが主催し、顧客も参加してエピックやユーザーストーリーを作成します。通常、タイムボックスは適用しません。

◉ストーリーポイント・ワークショップ

　バックログに入れられたユーザーストーリーに、そのサイズに見合ったポイントを付与します。通常、プロダクト・オーナーの下でチームが参加して実施します。これにもタイムボックスは適用しません。

11）学習サイクル

　プロダクトを漸進的に実装し、デモの結果得られる顧客やプロダクト・オーナーからのフィードバックから学習を重ね、スキルを獲得します。有名な理論

に、「ドレイファスのスキル習熟モデル」があります。

このモデルでは習熟度の 4 つの段階を定義し、スタッフの習熟度を把握し、育成に役立てます。

> ①初心者（novice）
> 職務に関連する知識や方法を学ぶが、実務経験が少ないため学習内容を状況に結び付けられない
> ②上級ビギナー（advanced beginner）
> 現場の微妙な状況の違いに気づき、それに基づき意思決定ができる
> ③一人前（competent）
> さまざまな選択肢から目標を設定し、計画を立て行動できる
> ④上級者（proficient）
> 豊富な経験により状況を包括的（holistic）に捉えることができる
> ⑤熟達者（expert）
> 直感的に意思決定できる

12）コラボレーション・ゲーム

コラボレーションとは、「協業」や「協働」を指します。さまざまな活動を関係者一同のコラボレーション作業として楽しく実施します。その例として次のような事項があります。

> ①未来からの追憶（Remember the Future）
> 「ビジョンからのバック・キャスティング」とも言われますが、目標を達成するための手段を段階的に分解していきます。ウォーターフォール型プロジェクトにおける WBS の要素分解に似ています。
> ②プロダクト・ツリーの枝払い（Prune the Product Tree）
> 顧客要求を確実に理解するために、大きな木の根元に目的や目標を置き、それを分解して、幹、枝、葉というように詳細化していきます。それらを機能の依存関係に見立てて要求を可視化する手法です。これも WBS の要素分解と同じ考え方です。その例を図 5-7 に示します。

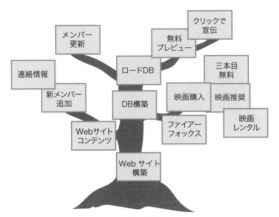

図 5-7 プロダクト・ツリー

③スピード・ボート

リスク・マネジメント活動におい
て、単に考えるのではなく、ヨット
で航海している様子から、機会を追
い風、脅威を錨に見立ててリスクを
可視化する手法です。

④機能(フィーチャー)を買う(Buy a Feature)

フィーチャーやユーザーストーリーに優先順位を付ける場合に、それ
ぞれに値札をつけて要求の優先順位を決める手法です。顧客主体で行
いますが、具体的な金額を提示することによって顧客の思いが理解でき
ます。

⑤価格に見合う価値(Bang for the Buck)

この用語は、元来英語のスラングですが、投資効果を表す言い方と
して定着しています。要するに、フィーチャーを買うときに価値のラン
クとコストのランクを比較する手法です。

2. アジャイル見積り

このツールキットには 8 個のツールと技法があります。

1) 相対サイジング
ユーザーストーリーの大きさを見積もる場合に、ある一つの小さなユーザーストーリーを基準として相対的なサイズを決めます。このサイズをストーリーポイントと呼びます。

2) ストーリーポイント
個々のユーザーストーリーの大きさに従って付与された点数(整数)です。1 回のスプリントで消化できたストーリーポイント数をベロシティ（速度)として測定し、過去の推移から次のスプリントにおける作成ポイント数の見積りに使います。ストーリーポイントの見積りには、相対サイジングが使われますが、そのときにフィボナッチ数列を応用したプランニング・ポーカーがよく使われます。

3) T シャツサイジング
見積り手法の一つです。ストーリーポイントほど詳細ではなく、大・中・小や L・M・S の程度で表示する手法です。

4) タイム・バケツ
単に、時間や日数で概略を見積もる手法です。

5) ワイドバンド・デルファイ
同一の作業項目について、多くの異なる人が別々に作成した見積りを収束させるために用いるデルファイ法の一種です。最も高い見積りと最も低い見積りを提示した人がその理由を説明し、さらに見積りを行い、収束するまで繰り返します。プランニング・ポーカーもこの手法の一つです。

6)プランニング・ポーカー

ワイドバンド・デルファイ法を採用する場合に使用する「カード」です。一般のトランプにあるような 1 ～ 13 までの数列ではなく、フィボナッチ数列で構成されています。図 4-34 を参照のこと。

7)アフィニティ見積り

多くのアジャイル・チームが迅速かつ簡単に使用する手法で、ユーザーストーリーの大きさをストーリーポイントとして見積もる手法の一つです。特にプロジェクトが開始されたばかりで、まだ情報が少なく十分に見積もられていないか、リリース計画準備中のバックログがあるような場合に最適な手法です。

迅速かつ簡単であり、決定をかなり透明かつ可視化することによって、見積りセッションで対立的な演習を行うのではなく、前向きで協働的な体験を作り出すことができます。この例として、次のような手順をとる「サイレント相対サイジング」があります。

①プロダクト・オーナーは、ユーザーストーリーをチームに示す
②チームは個々のユーザーストーリーの相対的なサイズを静かに見積もる
③チームはストーリーを水平方向に昇順で並べる
④ チーム全体がその順番に満足するまでメモやインデックスを再配置する

このステップは、ミュート・マッピングのように深い議論をすることなく静かに行われ、プロセスを迅速かつ非対立的に実施できるのが特徴です。

8)理想時間

「理想的な」技術者がフィーチャーを完了する時間の期待値を「理想時間」とし、現実的な時間見積りの基準とします。見積りは、FTE（Full Time Equivalent：常勤相当）の日数や週数などで表現します。そのときに、実際に活動する時間のみを含めますが、次の項目は含めません。

● 気分転換のための時間
● オーバーヘッド

●休日

●障害からの回復時間

　一般に FTE の 60 ～ 80％を可用時間としてスケジュールを見積もって、現実的見積りとします。

　よく、他業務と兼任する場合がありますが、兼任という形態は総合的に見て業務の効率悪化を招きます。精神論的に「頑張ります」と言っても、1 人の要員に複数業務をアサインした場合には、切り替え時間というラグが生じるために必ず効率が落ちるものです。ある調査では 40％程度の悪化とも言われています。

　図 5-8 は切り替え時間(t)を説明しています。左上の「A」という作業をしていて、あるとき下側の「B」という作業に切り替えたとします。そのとき人間の頭脳は瞬間的には切り替われないので、「t」という移行時間が必要なのです。ですから A と B を繰り返す頻度が多くなればなるほど「t」時間が集積されるので、その分遅れることになります。したがって、できるだけ一つの仕事に集中させるか、切り替え数を少なくなるようにしなければなりません。

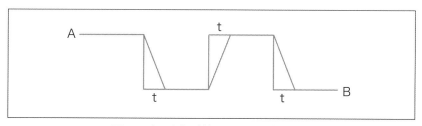

図 5-8　タスク切り替えのための移行時間

3. コミュニケーション

このツールキットには9個のツールと技法があります。

1）情報ラジエーター（情報発信器）

プロジェクト現場からの情報を発信するためのツールには、可視化を目的としたさまざまなものがあります。その中でよく使われるものを紹介します。

●バーンダウン・チャート

消化したユーザーストーリーやフィーチャーの量を表す場合に、残作業を表す手法と実績の累積を表す手法があります。

バーンダウンは手持ちの量が減っていく様を右肩下がりに表して、その傾向から、いつ終了するのかという予測を立てるように傾向線を引いて使います。

バーンアップは作業の実績を積み上げて右肩上がりに表現します。どちらを採用するべきなのかは好みの問題ですが、一般にバーンダウンのほうが多いようです。

いずれにしても現場での可視化を目的にしているので、全員が見やすいように壁に掲出するような方法をとります。そのためには手書きで簡単に書けることが大切です。図4-40を参照のこと。

●アーンド・バリュー・グラフ

一般に使われるEVMのグラフです。出来高を基にしてコスト管理やスケジュール管理の可視化ツールとして使われます。図4-17を参照のこと。

●欠陥ヒストグラム

欠陥の原因や要因をヒストグラムにして表す手法で、それの応用がパレート図です。図4-27を参照のこと。

●契約パフォーマンス情報

契約を基にしたベンダー管理のためには、KPI（Key Performance Indicator；重要業績評価指標）を基準とした情報で表現し、可視化することによって関係者の理解が深まります。契約形態によっては EVM も使われることがあります。

●リスク要約

リスク・プロファイルとも呼びますが、主なリスクの状況を一覧にして表すことがあります。リスク・バーンダウンチャートとも言います。図 4-28 参照のこと。

その他にも、ダッシュボード、ヒート・レポート、ストップライト図表などが使われます。これらは関係者の意識を高め、意思決定や行動の策定に役立つ表現として提示されます。ストップライトとは信号の赤黄緑のことで、色で状況を直感的に表します。

2）チーム・スペースとアジャイルのツール

アジャイルには人間重視の考え方があり、チームメンバーが気持ちよく作業できる環境作りを奨励しています。それによってよい仕事ができ、よいものが作れる、というわけです。

そのような環境のためには、作業の目的に見合った作業場所が必要です。例えば、チームが協働し、チームとしてその状態を理解し、そして協力するための作業場所として全員が一つの場所で作業する「コモンスペース」を設定します。

ここでは、スタンドアップ・ミーティング、図表作成、そして全体を理解するための作業を行います。また複数で作業することに疲れたり、1 人で静かに仕事をしたい場合には、私的なスペースが必要となるでしょう。このような場所を「ケーブ（洞窟）」と呼んでいます。

ツールはチームが使いやすいツールを採用することが大切です。組織の標準だからといって特定のツールを強要すると、作業効率は上がらないものです。標準はあくまで参考として、特別なコストがかからない限り、チームの希望を認めるべきです。

3) コロケーション・チームや分散チームのための浸透(Osmotic)コミュニケーション

　作業場において、情報がバックグラウンドのように流れるようにすると、関連する情報がチームに徐々に浸透していくというコミュニケーション・スタイルのことです。例えば、ある人が質問をすると、部屋の他の人がコーディネーションし、議論に貢献したり、作業を続けたりすることができる状況が作れます。こうすることによって、「形式知」のみならず「暗黙知」も自然に伝えることができるようになります。チーム全体の雰囲気が個々人にプラスに作用している状況が望ましいと言えます。

4) 双方向コミュニケーション(信頼、対話)

　人と人とのコミュニケーションは、顔を合わせる F2F (Face to Face)が最も重要であり、効果的だと言われます。これによってプル型やプッシュ型コミュニケーションのリスクを軽減することができます。

　ここで言うプル型とは、情報を必要とする人が保管場所から情報を随時引き出すコミュニケーション・スタイルを指しています。これは一見便利そうですが、情報の発信側から見ると、受信した人がその情報を理解したかどうかわからない、というリスクがあります。

　一方、プッシュ型コミュニケーションとは、発信側が相手に情報を送る際に、相手の状況のいかんにかかわらず送ることを指します。例えば、メールを送るとか留守電にメッセージを残すような一方通行のコミュニケーションがあります。この場合には、相手がその情報を読んだのか、こちらの意図するように理解できたのか、まったくわからないというリスクがあります。

5) ソーシャルメディア・ベースのコミュニケーション

　最近はやりのコミュニケーション・スタイルです。スマートフォンなどを使用するので簡便さという利点があります。反面、公式なコミュニケーションにはなりにくいのですが、セキュリティに注意すれば、便利なうえ、オンライン会議での活用など公式なコミュニケーションになります。

ヒート・レポートやストップライト図表などは「色」で状況を表す手法です。一般に、危険を表す赤、注意を表す黄、安全を表す緑、が使われます。ところで、欧米で「ウォーターメロン・ステイタス」という言葉を聞きます。ウォーターメロンは「西瓜」ですね。その心は、「外見は緑だが、中は真っ赤」という意味です。「報告内容は一見よさそうだが、よく調べるとうまくいっていない」という状況のことです。読者にも心当たり、ありませんか?

6)アクティブ・リスニング

F2F であっても、片方が一方的に発言するようなコミュニケーション・スタイルでは相手に真意が伝わりにくいし、心を開いた有効なコミュニケーションにはなりにくいものです。相手の発言を積極的に聴くことが大切ですが、このスタイルを積極的傾聴と呼びます。特に人の上に立つ立場の人に必要なコミュニケーション・スタイルと言えます。

7)ブレーンストーミング

グループで議論するときに、さまざまなアイデアを出すことが求められる場合があります。そのときは発散型の議論を進めますが、他人の発言にネガティブなコメントを出すことを禁止し、あるいは発言の少ない人に発言を促し、幅広いアイデアや意見を求めます。

これをブレーンストーミングと呼びますが、この特徴は発散型なので意見やアイデアをまとめることはしません。意見を集約したい場合には、ノミナル・グループ手法など、ファシリテーターやコーディネーターによる効果的な進捗のためのリーダーシップが必要になります。時間的な制約があるような場合や早く進めたい場合には、宿題として事前にアイデアをメモに記録してもらうようなブレーンライティングを併用すると効果的です。

8）フィードバック手法

　コミュニケーションはそもそも相互理解を目的としますが、それは信頼関係に依存します。この信頼関係は、相手への理解を示すことで深まります。そのために自分がどう理解したのかを相手にフィードバックして理解の程度を確認します。このときに、わからないことを素直に伝えるということが大切で、知ったかぶりは禁物です。一対一であれ、グループ・コミュニケーションであれ、お互いに納得することが重要ですから、ただ聞いているのではなく「聴く」ことが大切です。

9）五指投票（**Fist of Five**；フィスト オブ ファイブ）

　アジャイルのミーティングでよく採用されている手法です。採決をとるときに、参加者は掲げた指の数で反対や賛成の度合いを表します。一般に3本以上の指が挙がれば賛成ですが、反対の場合にはゼロから2本の指で、その程度を表現します。この手法はオンライン会議などでよく使われるようになりました。

図 5-9　フィスト オブ ファイブ

4. 人間関係のスキル

このツールキットには 6 個のツールと技法があります。

1) 感情的知性（EQ,EI：Emotional Quotient / Emotional Intelligence）
　感情的知性はリーダーに必要な知性で、チーム活動には IQ よりも重要だと言われています。具体的には、自己や他者の感情の認知、感情の調節、自己の動機づけ、共感性、あるいは人間関係の調整にかかわる能力のことです。EQ とも EI とも呼ばれます。

2) コラボレーション
　アジャイルの原則はチーム作業で、自律型チームによってシナジー効果が期待できます。単に協力するというよりも、もっと積極的な協業や協働によって参加者全員が満足するように活動します。前述したコラボレーション・ゲームなどがその例です。

3) 適応型（アダプティブ）リーダーシップ
　ロナルド・A・ハイフェッツによって唱えられた、技術的課題よりも適応課題への対応を重要としたリーダーシップ理論です。適応課題には、次の 4 つのケースがあると言われています。

- **ギャップ型**：大切にしている「価値観」と実際の「行動」にギャップが生じるケース
- **対立型**：互いの「コミットメント」が対立するケース
- **抑圧型**：「言いにくいことを言わない」ケース
- **回避型**：痛みや恐れを伴う本質的な問題を回避するために、逃げたり別の行動にすり替えたりするケース

多くの人は、直面している問題が「適応的課題」であるにもかかわらず、技術や過去の経験で解決できる「技術的問題」だと思い込むと言われています。そうすると、問題解決に適さない方法で努力することになって、結局課題は解決できずに残り続けるのです。そのため、例えば「回避型」のようなケースには、喪失や恐怖を受け入れて変化に適応していくことが重要だと言われています。実際には、「観察－解釈－介入」、再度「観察…」と繰り返すことを基本プロセスとして、ステージごとのコツを身に付けると効果的な解決策に行きつくと言われています。

4）サーバント・リーダーシップ（スチュワードシップ）

　スクラム・マスターに求められるリーダーシップ・スタイルで、裏方としてチームが働きやすい環境を作るように活動します。スチュワードシップという用語も使われるようになりましたが、これも同じように、執事役に徹するリーダーの活動を表しています。サーバント・リーダーシップを発揮する際に求められる特性項目を次に示します。

- ●傾聴（Listening）
- ●共感（Empathy）
- ●癒し（Healing）
- ●気づき（Awareness）
- ●説得（Persuasion）
- ●概念化（Conceptualization）
- ●先見力（Foresight）
- ●幹事役（Stewardship）
- ●人々の成長にかかわる（Commitment to the growth of people）
- ●コミュニティづくり（Building community）

　このリーダーシップ・スタイルを採用するにあたって注意しなければならないのは、対象とするチームがすでに自律型になっていることです。チームが自律型にまで成熟していない場合にサーバント・リーダーシップを発揮すると、メンバーは「放任」されていると感じ、チームは迷走してしまいます。

5）交渉

　交渉は、二者間の合意を目的とする活動ですが、両者のよい関係を構築する機会とも言えます。その結果、両者が満足し、継続的によい仕事ができるようになります。これをWin-Winの関係と呼びます。勝ち負けにこだわらず、お互いの信頼を損なわないように活動することが大切です。次に、悪例を含みますが、一般に行われている交渉の種類を紹介します。

- ●攻撃や非難、個人的侮辱、偽り

　これは悪例で、やるべきではありません。

- ●いい人／悪い人

　2人1組になって交渉に当たり、片方が悪人役となり、一方がいい人役になって相手によい印象を与えようとする戦術です。

- ●期限（締切）

　締め切り日を強調して相手に圧力を与える戦術です。

- ●制限付権限

　「私にはそれについて決定権がありません」などとして逃げたり時間稼ぎしたりする戦術です。

- ●不在人物

　「当事者がいないのでわかりません」などとして返事を保留する戦術です。

- ●公正と妥当

　これが最もよい戦術です。価格や条件などについて公正さで判断し、お互いに妥当な線で手を打つ戦術です。

- ●遅延（引き延ばし）

　何らかの理由をつけて意思決定を引き延ばす戦術です。

- ●極端な要求

　極端な要求を出してみて、相手の出方や様子を見る戦術です。

- ●退出

　「自分は怒っている」というような素振りを見せて、その場から退出してしまう戦術です。これによって自分にとって有利な情報を引き出そうとします。

●既成事実
　相手の意思決定権限者の関係者を先に説得したり、事前に物品を納品したりして既成事実を作ってしまい、決定を急がせる戦術です。

6)コンフリクトの解消

　集団活動には対立(コンフリクト)があるものと理解します。このコンフリクトは、個人的な対立ではなく、仕事上の対立を前提としています。したがって、対立要素をオープンにし、チームとして解決することによって、チームワークがさらに強固になることが期待されます。

　コンフリクトへの対処がまずいと、不満、不信感、士気、やる気の低下につながる可能性があります。

　PMBOK®ガイドに紹介されている、ケン・トーマスとラルフ・キルマンの研究に基づくモデルでは、個人間の相対的な力と、良好な関係を維持したいという要求に焦点を当て、次のようにコンフリクトの6つの対処方法を提示しています。

◉対峙や問題解決(Confronting, Problem solving)

　コンフリクトに対峙するということは、コンフリクトを解決すべき問題として取り扱うということです。

　この解消方法は、当事者間の関係が重要であるときや、各当事者が相手の問題解決能力を信頼しているときに使われます。結果として最もよい手法と言われています。

　「対峙」という用語はわかりにくいかもしれませんが、原語は「Confrontation」であり、「対決」や「直面」という用語で表現されることもあります。

◉協力(Collaborating)

　協力では、コンフリクトについて複数の見方を取り入れます。さまざまな見方を学び、複数の視点から物事を見ることが大切です。これが有効なのは、参加者の間に信頼があり、合意に達するための時間があるときです。チームメンバー間の対立では、この手法をよく使います。

●妥協（Compromising）

コンフリクトによっては、すべての当事者が十分に満足しないことがあります。そのようなときは妥協する方法を見つけるのが最善のアプローチです。妥協には、「ギブ・アンド・テーク」をいとわない気持ちが不可欠で、これによってすべての関係者が何かを手に入れ、コンフリクトの拡大を回避することができます。このスタイルは、当事者が同等の「力」を持っているときによく使われます。

●鎮静や適応（Smoothing, Accommodating）

「鎮静」と「適応」が役立つのは、最上位のゴールを達成することが意見の不一致より重要なときです。このアプローチは調和のとれた関係を維持し、当事者間によい関係をもたらすことができます。また、このアプローチは、個人の相対的な権限や権力に違いがあるときにも使われます。例えば、上司と意見が一致しないときに、上司とはよい関係を維持したいという気持ちがあれば、「適応」が適切でしょう。

●強制（Forcing）

強制は、協力や問題解決に十分な時間がないときに使われます。この場合は、一方の当事者が相手方に自分の意向を強制することになります。普通、強制する側は相手方よりも強い力を持っています。健康や安全に関するコンフリクトがあり、直ちに解決する必要があるなら、強制がいいでしょう。

●撤退や回避（Withdrawing, Avoiding）

問題は自然に解決することもあれば、時には、議論が熱くなり、冷却期間が必要になることもあるでしょう。どちらの場合も、状況からの撤退が適切です。撤退は、双方に得るところがないシナリオにも使われます。例えば、規制機関からの要求に異議を申し立てず従うことなどです。

上述の対立解消法とは別に、コンフリクトの程度を表して対応する考え方があります。2章のコンフリクト・マネジメントを参照のこと。

5. メトリックス

このツールキットには 10 個のツールと技法があります。

1) ベロシティ（速度）

ベロシティは、チームごとの、各イテレーションで達成したストーリーポイント数のことです。まずイテレーションやスプリントの計画で、いくつのストーリーポイントを達成するのかという目標を決めます。その決定要因には次のような項目があります。

> ● チームメンバーの人数
> ● その期間の進行を妨げるような何らかの要因
> ● 曖昧な受入れ条件（ストーリーごとの受入れ条件とダンの定義）
> ● ユーザーストーリーの優先順位の変更
> ● ビジネス環境変化によるプロセスの中断
> ● メンバーの掛け持ち
> ● メンバーのスキル・レベル
> ● 新メンバーの追加
> ● チームの状態（安定度や成熟度）
> ● 休暇や病休などによる欠員

図 5-10 のように、ベロシティの傾向を分析し、上記の要因を加味して次のイテレーションにおけるポイント数の目標を決めます。最初のうちはチームの状態が理想的な協働状態になっていないことが多く、思ったほどのパフォーマンスにはならないのが普通です。経験を積んでいくと徐々によくなっていきます。

複数のチームがある場合に、チームのベロシティは比較対象にはなりません。なぜならば、ストーリーポイントはチームごとに異なる基準で決められ

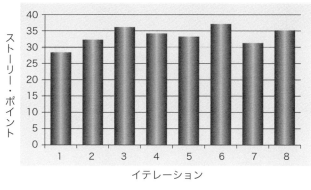

図 5-10　ベロシティの分析

るからです。要するにチームの業績評価の比較には使えないということです。ただし、統合テストやリリースなどに向かって、全チームが同じ時期に作業を終える必要がある場合などは、なるべく基準を一致させて計画を立てる必要があります。

　このようにスケジュール上の同期をとる状況を「リリース列車」と呼びます。ちょうどいくつもの列車が先頭を揃えている状態と同じです。

2）スループットと生産性

　スループットとは、連続したライン作業が行われている場合に一つの工程に要する時間のことで、工程の進捗を表します。アジャイルでの進捗管理は、スケジュール・ベースラインではなく、動く成果物の提供を基準として判断します。具体的には、成果物が作られていくスループットを測定してプロセスの改善に役立てます。スループットを算出する手法として、待ち行列理論を応用した「リトルの法則」があります。その関係式を次に示します。

- ● W（待ち時間）= L（待ち人数）÷ λ（到着率）
- ● L（店舗内客数）= W（滞留時間）× λ（来店率）
- ● λ（1 日の生産率）= L（WIP）÷ W（サイクルタイム）

　これをアジャイルの要素に当てはめると図 5-11 になります。

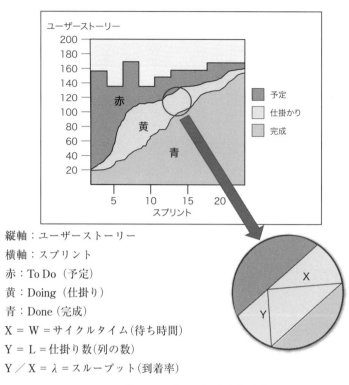

縦軸：ユーザーストーリー
横軸：スプリント
赤：To Do（予定）
黄：Doing（仕掛り）
青：Done（完成）
X ＝ W ＝サイクルタイム（待ち時間）
Y ＝ L ＝仕掛り数（列の数）
Y ／ X ＝ λ ＝スループット（到着率）

図 5-11　スループットと生産性

　試験対策としては、すべてを覚える必要はなく、スループットの意味を理解すれば十分です。「プロジェクトの生産性をスループットで評価する」と覚えましょう。

3）サイクルタイム

　サイクルタイムとは、単位時間当たりの処理能力のことです。例えば、1 日25 台製造できる自動車工場で、常時 100 台が製造ラインにあるときのサイクルタイムを求めてみます。

　常時 100 台が製造ラインにあるということは、WIP ＝ 100 台と表現できます。

1日に25台製造できるということは、スループット＝25台／日と表現できます。

そこから、サイクルタイム＝WIP÷TP＝4日間と算出できます。

次に、生産プロセスの改善により、サイクルタイムを3日、仕掛り品を90台に減少させた場合の処理能力の改善比率を考えてみます。

スループットは、WIP÷サイクルタイムで算出できますので、

$90 ÷ 3 = 30$台／日　となります。

1日25台から30台へと改善できたので、

$30 ÷ 25 = 120％$　となりますから、「20％の改善である」と表現できます。

4）サイクル効率

1回のプロセスの回転をサイクルとすると、そのサイクルの中で付加価値を与える実効的な時間の割合を「サイクル効率」と言います。例えば、10分間待って、5分間洗車機を使う場合のプロセスサイクル効率を考えてみます。

トータルプロセスのサイクルタイムは、10分＋5分＝15分　です。

プロセスサイクル効率は、実効時間÷トータルプロセスのサイクルタイムで算出できるので、$5 ÷ 15 = 33％$　となります。

次の例で考えてみましょう。

土曜の朝、高橋さんは息子とカップケーキを作ります。高橋さんは、息子と一緒に調理をする30分が貴重だと考えています。ところが息子は、調理は雑用でカップケーキを食べる5分間が重要だと考えています。高橋さんと息子のプロセスサイクル効率はいくらでしょうか。

トータル・プロセスタイム＝30分＋5分＝35分

高橋さんのプロセスサイクル効率＝$30 ÷ 35 = 86％$

息子のプロセスサイクル効率＝$5 ÷ 35 = 14％$

5）リードタイム

リードタイムとは、顧客要求を把握した時点から価値をデリバリーするまでの時間を指します。例えば、顧客から見たときの発注から納品までの総時間を表しています。

6）アジャイル・プロジェクト用の EVM

EVM（アーンドバリュー法）は、プロジェクトのコストを投資として捉え、その分の価値を創出したかどうか、という観点でのコスト管理やスケジュール管理を行う手法です。アジャイルでもイテレーション単位でSPI（スケジュール・パフォーマンス・インデックス；スケジュール効率指数）を測定することによって、スケジュールの進捗管理が可能になります。

図5-12における縦軸は一般的コストですが、ストーリーポイントやフィーチャーで表現するとSPIは図にあるように算出できます。CPI（コスト・パフォーマンス・インデックス；コスト効率指数）については予測型と同じです。

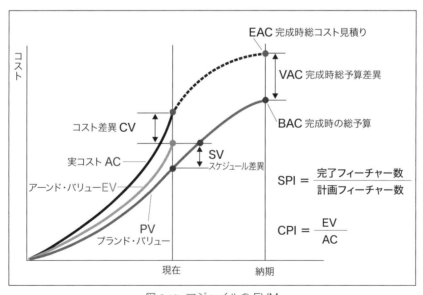

図 5-12　アジャイルの EVM

7）欠陥率

成果物の品質検査における検査総数のうち欠陥があった割合を表します。欠陥を分布で表すときには、正規分布におけるバラツキ度合いを次のようにシグマで表現します。

1シグマ：± 32％

2シグマ：± 5％

3シグマ：± 0.27％

4 〜 5：省略

6シグマ：± 3.5 ／ 100万％

例えば、6シグマは100万回のテストにおける欠陥の発生回数が3.5回以内という意味です。これはハードウェアのテストを前提にしている数字です。ハードウェアには、摩耗したり緩んだりという性能劣化特性があるので欠陥も一定の分布状態で表現できますが、ソフトウェアは摩耗しませんし、いくら使っても故障しません。ソフトウェアは最初から欠陥（バグ）を持って生まれてくるという特性があるので、テストにおいても、単にテストの回数を増やす

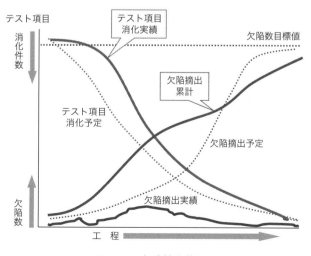

図 5-13　欠陥摘出状況

のではなく、考えられるだけの組合せテストが必要になります。

　図5-13は統合テストを実施したときのソフトウェア・テストにおける欠陥の摘出状態を表しています。ある欠陥数の目標値を設定して、そこに到達するように、いろいろなテストを行います。実際にはあらゆる条件のテストを実施することは不可能なので、最適と考えられる種類のテストに絞ることがあります。この手法には実験計画法を応用した「直交表」などがあります。

8)承認されたイテレーション

　イテレーションの期間は、最初のリリース計画のときに設定しますが、一般に4週間を基本としています。しばらくすると、顧客要求の変更や追加が頻発したり逆に少なくなってきたり、という状態になることがあります。その状況によって次回以降のイテレーションの長さを変えることがあります。頻度が多くなったら1～3週間と短くし、少なくなったら5～6週間というように設定変更します。

　この変更はスクラム・マスターとチームメンバーによって提案され、プロダクト・オーナーが承認します。ただし、この変更自体を頻繁に行うと、かえってメンバーの士気の低下につながることがあるので注意しなければなりません(図4-25参照)。

　働くペースやテンポを一定にすることで、チームは働きやすく、また個人の動機づけにもなるものです。アジャイルには、一定のテンポでの活動によって品質のよい成果物に結びつくものだ、という考え方があります。

9)仕掛り作業(WIP：Work in Progress)

　WIPは、オンデマンド・スケジューリングにおける管理項目の一つです。一般にカンバン方式で使用され、制約理論とリーン開発に由来したプルベースのスケジューリング概念に基づき、要求量とチームの処理量の最適化のために、チームの仕掛り作業(WIP)を制限する手法です。

　プロダクト増分の開発のために、事前に作成したスケジュールには依存しないで、資源が利用可能になると、直ちにバックログから実施すべき作業を取り出します。この状態を監視するために「仕掛り量」を表す累積フロー図(図4-18参照)が使われます。

6. 計画、監視、適応

このツールキットには10個のツールと技法があります。

1）レビュー

さまざまなレビュー会議をタイムボックスというルールで行います。顧客の積極的な関与（エンゲージメント）が求められます。

2）タイムボックス

開発や会議などの活動期間を事前に決めておいて順守する手法です。例えば、スプリント期間は4週間を中心として1〜6週間で設定され、日々のスタンドアップ会議は15分とされます。図4-11参照のこと。

3）カンバン

ボトルネックと作業量を可視化し、作業フローを改善可能にしたツールです。元来はトヨタ自動車における工程管理の手法として考案されました。トヨタのかんばん在庫管理システムに触発されて、ソフトウェア開発などの知的作業に応用されるようになった手法で、タスクボードとも呼ぶカンバンを進捗管理に使います。図3-5参照のこと。

4）イテレーション計画とリリース計画

プロダクトの進展のためのプロダクト・ロードマップとプロダクト・ビジョンに基づいて、リリース・スケジュールのハイレベルの要約タイムラインを策定します。1回のリリースを3〜6カ月で設定し、リリース内のイテレーション（反復の単位）やスプリントの数を設定します。

図5-14は、リリース1が4つのイテレーション（スプリント）で構成され、その中のイテレーション2ではフィーチャーを5つ作成する予定であることを表しています。さらに、フィーチャー2が三つのタスクに分解され、見積り

時間が、それぞれ 8 時間、4 時間、12 時間とされた状態を表しています。

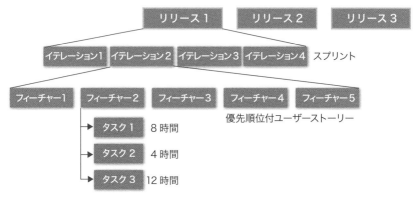

図 5-14　イテレーション計画とリリース計画

5）差異分析と傾向分析

　ストーリーポイントの計画値と実績の差異とベロシティからの傾向分析を通して、次のイテレーションのポイント数を見積もります。このとき注意すべき点についてはメトリックスの説明を参照してください（図 4-36 参照）。

6）デイリースタンドアップ

　毎日実施する協働的でタイムボックス化された簡単なミーティングのことです。朝会や夕会が多く、立ったまま 15 分間で終わるようにコーディネーションします。このミーティングはデイリースクラムとも呼ばれます。ミーティングの内容は、情報交換を目的として、次の 3 点です。

- ●前日からの進捗状況
- ●当日の予定
- ●抱えている課題や想定される障害など

　議論はせず、情報の共有のみで、議論すべき案件があれば別途会議を開催します。

7)バーンダウン・チャート

一つのタイムボックス内における残作業対残余時間のグラフ表示です。次のバーンアップ・チャートと対比して理解しましょう。

8)バーンアップ・チャート

プロダクトのリリースに向けて完了した作業の累積のグラフ表示です。
図5-15はバーンダウンとバーンアップの特徴を表しています。

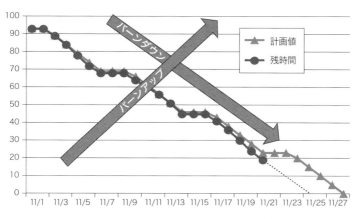

図 5-15 バーンダウンとバーンアップ

9)バックログ・グルーミング、洗練

プロダクト・オーナーは、プロジェクトの初めにプロダクト・バックログを作成して個々のユーザーストーリーに優先順位を付けますが、プロジェクトの進捗につれてバックログが変更されていくので、次回のリリース計画でバックログ全体を見直し、洗練したうえで優先順位を付け直します。そのときに、次のイテレーションのためにユーザーストーリーを小さく分解することもあります。

グルームとは元来、花婿を表す用語で、結婚式で着飾る様子をグルーミングと言っています。「動物の毛づくろい」も同義です。

10) プロダクト・フィードバック・ループ

イテレーションごとのデモにおいて、顧客やプロダクト・オーナーからの評価やコメントを入手し、そこから変更や追加などの要求が出たら新たなユーザーストーリーとして追加し、プロダクトを漸進させます。この活動をループ状に繰り返す様子をフィードバック・ループと呼びます。一般に PDCA（Plan, Do, Check, Action）と呼ばれる改善活動ですが、近年は PDSA（Plan, Do, Study, Action）とされています。

PDCA は、ウォルター・シュハートが提唱し、エドワーズ・デミングが広めたことで知られており、「PDCA サイクルを回す」活動として有名です。ところが「チェック」の際に、レ点マークだけ記入して内容を分析しないという手抜きが横行したために、「チェック」ではなく「検討」が必要だという意味で Study に変更されました。

7. プロセス改善

このツールキットには 10 個のツールと技法があります。

1）カイゼン

　元来、日本語の「改善」ですが、欧米では「継続的改善」を意味する用語として「Kaizen」が使われるようになりました。前述の PDCA（PDSA）を回す活動です。その代表例としてトヨタの改善活動が取り上げられています。

2）5 つの WHY

　「なぜなぜ 5 回」といわれるトヨタ流の問題分析手法の一つです。一つの命題について「なぜ」を繰り返し、真の要因を探ります。トヨタ自動車の大野耐一氏によれば「なぜ」を 5 回繰り返せば、ほとんどの場合、真の要因にたどり着くとされています。

3）魚の骨ダイアグラム分析

　なぜなぜ分析を行うときによく使われるのが、石川博士が考案した「特性要因図」や「石川ダイアグラム」で、「魚の骨図」と同義です。

　図 5-16 の例では、魚の頭の位置として右側に検討すべき特性「スケジュール遅れ」を表しています。横中央に背骨に相当する矢印や軸を描きます。上下に見られる「人」「物」「金」「仕組み」は検討すべき領域を代表する用語で、この領域をなぜなぜ分析で深掘りしていきます。そこから背骨に向かって中骨となる斜線を引きます。そして、例えば「人」に関するなぜなぜ分析を行います。「人を要因とするスケジュール遅れの要素」を中骨の横に小骨を引いて関連づけます。「スキル不足」が特定されたなら、なぜスキル不足なのかと議論し、例えば「必要なトレーニングをしていない」という要素を関連づけます。さらに、なぜトレーニングしていないのか、と議論を深めると、「時間がない」「予算がない」「必要性を認めなかった」などとさまざまな要素が浮

かび上がってきます。

　それら一つひとつについて本音で議論し、真の原因を突き止め、最後に対策を提示します。

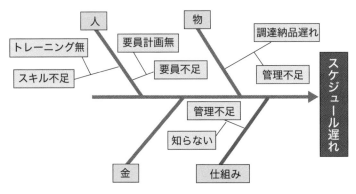

図 5-16　特性要因図（例）

4）レトロスペクティブ

　振り返りを意味します。例えば、スプリントの最終日の午前中にプロダクト・オーナーと顧客にプロダクト増分のデモを行いますが、午後には参加者からの評価やコメントを基に振り返りを行って、次のスプリント計画への大切な情報源とします。このときに実施する手法として KPT については前述しましたが、ここでは「タイムライン・エクササイズ」について紹介します。

　図 5-17 のように、イテレーション内で起こった「良いこと」「悪いこと」「特

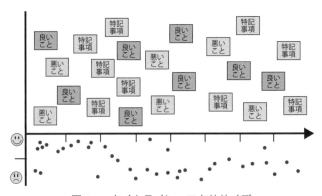

図 5-17　タイムライン・エクササイズ

記事項」を時間軸に沿って並べます。そしてX軸の下にはメンバーの感情の揺らぎを示します。この作業はメンバー全員で行い、振り返りの材料とします。

5）イントロスペクティブ

　レトロスペクティブが全員で行う振り返りを意味するのに対し、イントロスペクティブは、個々人が自分自身で内省を行うことを意味します。具体的に、心の中の様子に気づき、それに基づいて自己分析する活動です。

6）プレモータム（ルール設定、故障解析）

　「転ばぬ先の杖」とも呼ばれ、行動経済学の考え方に基づく逆転の思考法です。例えば、目標設定と計画の間で、失敗を想定してそれを防止するように議論します。要するに、想定される失敗から遡って、可能性のある要因へ働きかけるように活動します。

Column　SHUHARI って何？

　アジャイルの世界では、「守・破・離」が有名になりました。筆者が米国でアジャイルの話を聞いているときに「shuhari」という聞きなれない言葉があったので、「What ?」と聞き返すと、「守破離だよ、日本語だよ」と言われて恥ずかしい思いをしたことがあります。

　「守破離」は茶道の千利休が広めたことで有名な教えです。意味は「師の教えを守りながら、それをいつかは破り、やがて独自のものを見つけることになっても、本質を忘れるな」ということです。「守」は師匠の教えを守ることで、基本に忠実であることを表しています。「破」は、文字どおりブレークスルーを意味しますが、自分なりの手法を見つけ出すのでテーラリングに少し似ています。「離」は、師匠から独立していく様を表しますが、それでも基本を忘れないということを強調しています。英語の文献でも、そのまま日本語表記しているものが見受けられます。

7）プロセスのテーラリング

プロセスを計画するとき、標準プロセスを参考にして、プロジェクトの特性に沿って実行しやすいように「仕立てる」ことをテーラリングと言います。洋服を仕立てるときは採寸したりデザインを決めたりしますが、同じように自分のプロジェクトをどのように仕立てるのか、と考えます。このとき、標準に従うのではなく、参考にすることです。標準は「規則」ではありません。

8）ハイブリッド・モデル

ウォーターフォール型とアジャイル型の組み合わせをハイブリッドと呼んでいます。プロジェクト全体の進め方のうち、一部をウォーターフォール型にしたり、その逆に一部をアジャイル型にしたりします。

図5-18はその組み合わせの例です。作業の一部を外注する場合にもよく使われる手法です。プロジェクトの特性をよく理解して最適な組み合わせを構築します。

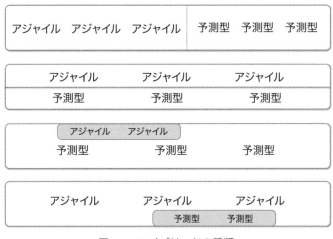

図 5-18 ハイブリッドの種類

9）バリュー・ストリーム・マッピング

物と情報の流れを視覚的に表現し、ムダの発見と問題改善に使用する手法です。例えば図5-19のように、顧客からの注文を受けて納品するまでのプロセスを描き、個々のプロセスやプロセス間のインターフェイスについて、その

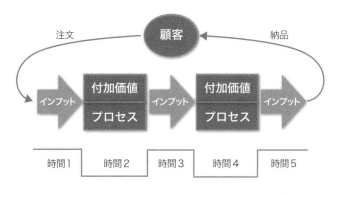

図 5-19 バリュー・ストリーム・マッピングの例

作業内容や付加価値を洗い出します。これらの要素を分析することによって、付加価値のないプロセスや活動を特定し、改善します。

　バリュー・ストリーム・マップは、顧客から始まり顧客で帰結するように記述します。

10）管理限界

　管理限界は、管理図（コントロール・チャート）における上限と下限の限界値を表しており、コントロール・リミットとも呼ばれます。

　図5-20はその一例で、縦方向の中心に目標値を設定しています。そこから時系列的に右側に推移している状況を表しています。その目標値を中心として上下に、仕様限界、管理限界、許容限界を示しています。それぞれに上下があります。

　成果物やプロセスを定期的に検査して、得られた値を目標値とのバラツキとしてプロットし評価します。

　図では、赤の連続点と黒の連続点がプロットされていて、それぞれシグマ2である±5％の許容限界値内に収まるように管理している状況を表しています。仕様限界は一般に顧客との契約などの約束として設定されるので、バラツキ度合いがこの値を絶対に越えないように、プロジェクト内の管理限界値を仕様限界の内側に設定しています。現場ではこの管理限界値を超えないように許容限界を設定して管理します。

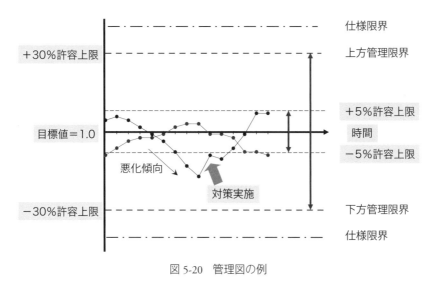

図 5-20　管理図の例

　伝統的な管理図では、目標値とされている中心線の値を過去のデータ群の平均値（$\bar{X}$）の全体の平均値としますが、データのバラツキを評価するために過去のデータではなく、目標値を基準とするようになりました。

8.　プロダクト品質

このツールキットには 6 個のツールと技法があります。

1）頻繁な検証と妥当性確認

　アジャイルでは、小さな成果物を頻繁に作成して検証やテストを実施し、イテレーションごとに結合テストと統合テストを行い、フィーチャーを完成させていきます。例えばソフトウェア開発では、何万何千ステップというような一つの大きなモジュールを作るのではなく、数百ステップという小さなモジュールを数多く作成して組み立てることで、効率と品質を向上できる、としています。これをスモールバッチ・システムと呼びます。

2）ダン（DONE）の定義

　開発者の視点で作業が完了したことを意味し、その意味をチームで定義し、全員で共有します。開発者の視点というのは、顧客要求というよりも、品質目標などの技術的な視点での検査が必要だということです。顧客にとって「バグ」がないのは当たり前の特性ですが、技術者にとっては大変な課題です。そこで、組織として品質を担保可能なように品質尺度を決めておきます。例えば、品質保証部門のレビューに合格すること、などがあります。それが「ダン」の条件の一つになります。この条件はユーザーストーリーにかかわらず一律（共通）です。

3）受入れ基準の定義（妥当性確認）

　利用者代表としてプロダクト・オーナーが定義します。これはユーザーストーリーごとのテスト条件とも言えます。検査の順序として、「ダン」に合格したら妥当性確認を行います。ソフトウェア開発では両方を一緒にテストすることが多いのですが、あくまでテストの位置づけを明確にして合格させたいものです。

4）継続的統合（インテグレーション）

　開発者はソースコードの品質をコミットしなければなりませんが、アジャイルではソースコードも共有化するので、いわゆるバージョン管理や構成管理（コンフィギュレーション・マネジメント）が非常に大切になります。特に、統合では小さく作ったモジュールを組み上げていくのですから、個別のモジュールの品質はよくても、さまざまな人的ミスが考えられます。

　そこで、ソフトウェア開発からテストまでのプロセスをなるべく自動化することで、人的ミスをなくします。具体的には、共有リポジトリにモジュールをマージすることによって、ビルドとテストを自動的に実行する手法を採用しま

Column ゴールドラット博士のアジャイルへの貢献

　イスラエルの天才物理学者エリヤフ・ゴールドラット博士は、トヨタ流のプロセスを研究し、その成果を『ザ・ゴール』に著わしました。その中で、バッチサイズの縮小を勧めています。一般にバッチサイズは大きいほど効率がよいとされてきましたが、ボトルネックが必ずどこかに現れてプロセス全体の効率を下げてしまうので、かえって非効率であることを説いています。

　博士はまた、部分的な効率改善に集中すると全体の効率に悪影響を及ぼすので、常に全体最適を目指すべきである、とも説いています。職場でも、「縦割り」や「サイロ化」などと呼ばれますが、全体を見ないマネジメントでは必ずボトルネックが現れて、全体の足かせになるものです。それを「制約理論（TOC：Theory of Constrains）」と名づけています。

　さらに、ソフトウェア開発プロジェクトへの応用として、「クリティカル・チェーン法」を提唱し、具体的には「スケジュール・バッファー」の活用を勧めています。そこでは「兼任」などの資源のコンテンションによるスケジュールへの悪影響を説いていますが、日本では精神論的に「なんとかする」という風土があり、失敗の要因とも言われています。彼のさまざまな主張はアジャイルの考え方（特に DA：Disciplined Agile）に採用され、その効果を証明しています。

す。これによってバグを早期に発見し対処することができ、開発のスピードを上げてコードの品質を保証することが可能となります。

5）探索的テスト

　これは、テスト実行者がテスト内容の作成とテストの実行を同時に並行して行う手法です。あらかじめテストケースを作成するのではなく、ソフトウェアの振る舞いやテスト結果を見ながら行うのが特徴で、テスト実行者の知見や経験に基づきながら、潜在的な不具合を検知する可能性の高いテストを集中的に行うことができます。一見無秩序や無計画のような印象を受けますが、小さなモジュールを前提とすると、あらかじめテストケースを用意して実施するスクリプト・テストのようなパターン網羅的なテストでは検知できない不具合を発見できる可能性が高いと言われています。

6）ユーザビリティ・テスト

　使用性テストやユーザー・テストのことです。機器やソフトウェア、Webサイトなどを利用者に実際に操作してみてもらうテストで、主に機能性や操作性、使い勝手などを評価し改善するために行われます。例えば、ソフトウェア開発におけるアルファテストやベータテストの段階で、顧客へ提示する前に、開発には直接携わっていない一般社員に使わせて、そのフィードバックから改善することがあります。

9. リスク・マネジメント

このツールキットには4個のツールと技法があります。

1）リスク調整済バックログ

リスク対策をユーザーストーリーとして表現し、プロダクト・バックログに組み入れて再優先順位づけします。リスク対策の優先順位づけには、対象となるリスクの発生確率と影響力のほかにもさまざまな要素がありますが、一般に緊急度も検討されます。それは、リスク対策は早ければ早いほど効果的であるという考えに基づいています。

図5-21は、リスク対策も変更要求の場合と同じプロセスであることを示しています。

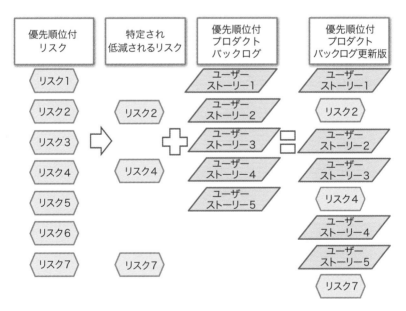

図 5-21　リスク対策のバックログへの組み込み(再掲)

2)リスク・バーンダウン・グラフ(チャート)

　リスク状況をステークホルダーに伝達するために、リスク・プロファイルを可視化したグラフです。図 5-22 では縦軸をリスクの可能性としていますが、通常はリスクの発生確率と影響度を掛けたリスク・スコア(エクスポージャー)で表現します。

　この図では、スプリントごとにリスクの可能性が減少していく様子を表していますが、実際には途中で新たなリスクが特定されることがあり、例えばスプリント 3 から「Risk 6」が追加されることもあります。

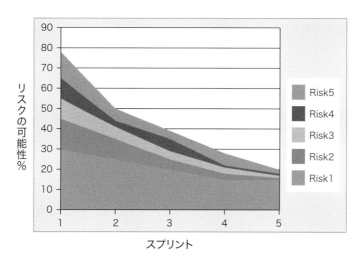

図 5-22　リスク・バーンダウンチャート(再掲)

3)リスクベースのスパイク

　スパイクとはタイムボックス化された調整や実験のことで、チームがリスク対応策を策定する必要があるときに、時間を決めて議論したり学んだりすることです。

　このような短時間の活動を「スパイク」と呼び、リスクだけではなく課題への対応策の実験など、理解を深めたいときに活用されます。その例を次に示します。

> ● クレジットカードの新規申請に2秒以内で応答可能か定かでない。
>   ── 業務時間内のさまざまな時間帯で応答時間を計測してみる。
> ● 開発のための機器や本番用の機器の承認をタイムリーに得られるか
>   どうか定かでない。
>   ── イテレーションの初めに購入申請を提出して様子を見る。
> ● DB グループの協力が必要だが、プロジェクトの進め方で合意がと
>   れていない。
>   ── イテレーションの初めにさらに意見交換を行い、必要に応じて
>   エスカレーションする。

4) アーキテクチャー・スパイク

アーキテクチャー実装の観点からスパイクを実施することがあります。この活動もタイムボックス化されますが、問題解決、技術的リスクの軽減、ユーザーストーリーの理解、見積りの信頼性向上、などに役立ちます。

10．価値に基づく優先順位づけ

このツールキットには 9 個のツールと技法があります。

1）財務分析（ROI、PP、NPV、IRR ）

　プロジェクトの正当性を示すための財務指標を分析するために、主に次の財務指標を算出し検討します。プロジェクトのコストを投資と考えると、4 つとも大きいほどよい指標ですが、複数のプロジェクトや施策の中から最適なものを選ぶようなときに、これらのデータを比較して検討します。ACP 試験対策としては用語の意味を理解すればよいでしょう。

- ● ROI：投資効果＝効果÷投資＝売上÷コスト
- ● PP：回収期間＝投資分をどれくらいの期間で回収できるか
- ● NPV：正味現在価値＝現在価値−初期投資＝利益相当
- ● IRR：内部収益率＝投資額の将来における現在価値と、投資額の現在価値が等しくなるときの変数（割引率：利率）

2）法令や規則の遵守

　コンプライアンスを意味します。標準はコンプライアンスではありませんが、テーラリングする場合に、それに準拠することが組織に求められることがあります。ガバナンスとの違いを理解する必要があります。例えば、組織ガバナンスやコーポレート・ガバナンスと言うときには、ほぼ企業の内部統制と同じ意味になります。ガバナンスでは、決められたことをきちんと守っているかどうかを監視します。コンプライアンスは「遵守すること」自体を意味しています。

3）顧客価値優先順位づけ（作業の順序設定）

　顧客にとっての価値をベースに、リスクや依存関係を加味して開発の順序を決めることです。プロダクト・オーナーは、達成すべき事業価値(ビジネス・バリュー)について顧客やスポンサーと協議し、それを達成するためのロードマップを描きます。チームはそれに基づいて作業の優先順位を決めていきます。具体的には、ユーザーストーリーを整理して優先順位を付けるのですが、次のような考え方に基づいて決定します。

　価値 ×リスク × 依存条件

　結果として、優先順位付バックログが出来上がります。図5-23は優先順位づけのための考察要因を表しています。依存条件は、依存関係や従属条件とも呼ばれます。

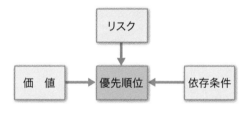

図 5-23　優先順位づけの要因

4）要求事項レビュー

　顧客要求は変化したり増減したりするので、バックログを洗練するために頻繁にレビューしなければなりません。中には無理難題もありますから、実行可能性も含めてレビューします。

5）最小限の実行可能な製品(MVP：Minimum Viable Product)

　顧客要求に基づいてエピックやユーザーストーリーを作成し、次にチームが顧客にプロトタイプ(モックアップ)のデモを行う際に、最初に仮定としてのMVPを示してフィードバックを得て、最終成果物についての学習とします。MVPは次の項目のMMFと似ていますが、対象が特定の顧客なのか、それとも市場なのかによる違いです。

6）最小限の市場性のある機能（MMF：Minimum Marketable Feature）

プロダクトをリリースする際に、MMF を達成しながら順次デリバリーすることがあります。つまり、最小限の機能を市場に出しながらその反応を見て、次のフィーチャーを考える、などの学びとします。

例えば、市販のパッケージ・ソフトウェアでは、予定している全機能を搭載してから売り出すのではなく、追加機能が開発でき次第バージョンアップとして売り出していきます。図 5-24 はその例を示しています。

製品	MMF	追加機能
電話	通話	アドレス帳、メッセージ保存、カメラ、音楽、地図、GPS
車	安全な移動	エアコン、燃費、見た目、走行性能、乗り心地
ATM	現金引出し	残高表示、現金預金、小切手預金、取引履歴、物理的・情報安全性

図 5-24　MMF の例

Column　ランクづけの真の目的は？

筆者が現役の頃に、ある顧客と打ち合わせたときのことです。「優先順位としてA ランク、B ランク、C ランクに分類しましょう」と提案したら、「弊社の要件はA ランクだけだ！」と一喝されてしまいました。別の顧客に同じことを依頼したら、A ランクとB ランクだけに分類してきました。C がないのです。別の機会に、D ランクを追加して分類をお願いしたら、D ランクだけ分類がなくて、C ランクに一つだけ分類してありました。

最近、この話を別の顧客に紹介したところ「うちにはA ＋がある」と言われて驚いたら、同席した別の方から「うちの部署にはA ＋＋まであるんだ」と言われ、全員で爆笑しました。

ランクづけの真の目的が理解されていないと、このような話になってしまいがちです。A － B － C という抽象的なランクよりも意味のあるランクを定義するべきですね。

7）相対的な優先順位づけとランキング

ある小さなフィーチャーやユーザーストーリーを基準として、他のフィーチャーやユーザーストーリーに相対的な大きさの点数（ポイント）を付与して優先順位づけする手法で、相対サイジングとも言います。この活動に使われるツールと技法には、プランニング・ポーカーや資金分配法などがあります。

資金分配法では、顧客は可能な資金額を個々のユーザーストーリーに当てはめて具体的な金額を示します。プランニング・ポーカーは、ユーザーストーリー見積りのプロセスを参照のこと。

8）MoSCoW（Must, Should, Could, Would（Will not））

フィーチャーやユーザーストーリーの優先順位を付けるときに、その重要性に基づいて用いる手法（MSCW方式ともいう）で、重要性の程度を次の4つに分類します。

- Must：不可欠な機能、最低限必要な事項
- Should：重要な機能だが、Mustほどではない
- Could：できれば使いたい、程度の機能
- Would：あったら便利（なくても大勢には影響ない）、結果的にWill not（なくてもいい）となる

9）狩野分析

1984年、狩野紀昭氏が提唱した顧客満足モデルです。顧客が製品やサービスに求める品質について、「当たり前品質」「一元的品質」「魅力的品質」「無関心品質」「逆品質」の品質要素に分類しています。

一般に、顧客満足度は品質の充足度に応じて変化するものですが、その品質がどの品質要素に該当するかによって顧客満足度に与える効果が異なるとされています。要するに、開発順序として顧客の満足度が高い部分に優先度を高くするということです。図4-9参照のこと。

◉**概算見積りに関する考察**

　「見積り」はあくまで推測なので、「正確な」見積りというものはありません。せいぜい「精度が高い」と言うべきでしょう。目標とする金額や結果としての実費を「真の値」とするならば、その値を中心として図5-25のような図が描けます。これを「不確実性のコーン」と呼んでいます。中心線から下側は、通常、競争入札における金額の推移を表しています。

　最初の頃は大きな誤差をもった低い金額になりますが、段階的詳細化が進むにつれ、徐々に中心線に近づいていきます。要するに計画の中で具体的な詳細事項が見えてくると、最初に考えていた内容よりも機能やフィーチャーが増え、それだけ増額されます。そうして徐々に誤差は小さくなっていくのですが、確定見積りでさえ、± 10%程度の誤差があるのです。

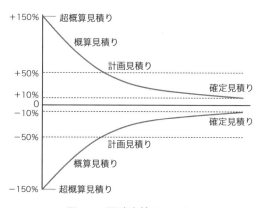

図 5-25　不確実性のコーン

Column　不確実性のコーン

　不確実性のコーンでは、詳細化される前は低い見積り金額になっています。それは「見積りに不確定要素を含めない」という前提で、見かけ上低くなっているからです。現実には、その「前提条件」なしで見積り金額が独り歩きすることが多く、「なぜ倍になってしまうのか」と経営者が怒り狂う話をよく聞きます。大きな工事で予算が倍になってしまった、という話はこれに類したことでしょう。「前提条件」をしっかり理解したうえで、それをリスクとして対応しなければなりません。どこかのオリンピック予算もそうでした。

6

知識とスキル

知識とスキルの項目

ECO におけるドメイン共通の項目として下記の 33 の知識やスキルが定義されています。

これらについては、すでに説明してきたものがあり、また次の章で説明するものもあるので、項目を提示するだけに留めます。

①アジャイルの価値と原則

　　例）12 の原則

②アジャイルのフレームワークと用語

　　例)フェーズによる分類

③アジャイルの手法とアプローチ

　　例）XP、スクラム

④コミュニティやステークホルダーの価値の評価と組み込み

　　例)ステークホルダーの特定

⑤ステークホルダー・マネジメント

　　例)ステークホルダー・エンゲージメント(積極的関与、巻き込み)

⑥コミュニケーション・マネジメント

　　例)情報伝達の送信者・受信者モデル

⑦ファシリテーションの手法

　　例)ブレーンストーミング

⑧知識共有と書面によるコミュニケーション

　　例)形式知と暗黙知

⑨リーダーシップ

　　例)サーバント・リーダーシップ

⑩アジャイル・チームの構築

　　例)自己組織化

⑪チームの動機づけ

例）マグレガーの XY 理論

⑫物理的あるいはバーチャルやコロケーション

　例）遠隔地のコミュニケーション

⑬グローバル、カルチャー、およびチームの多様性

　例）相互尊重

⑭トレーニング、コーチング、メンタリング

　例）チームの育成の基本は個人の育成

⑮発展的成熟モデル

　例）タックマン・モデル、ドレイファスの成熟度、守破離の精神

⑯自己評価のツールと技法

　例）レトロスペクティブとイントロスペクティブ

⑰参加型意思決定モデル

　例）収束型や共有型のコラボレーション

⑱システム思考の原則

　例）複雑な適応性、全体最適、カオス

⑲問題解決力

　例）なぜなぜ 5 回と歯止め対策

⑳優先順位づけ

　例）相対サイジング

㉑増分デリバリー

　例）スモールバッチ・システム、継続的統合

㉒アジャイル発見

　例）顧客の真の要求や課題を素早く発見し、素早く対応すること

㉓アジャイルの規模決定と見積り

　例）ストーリーポイントとタスク見積り

㉔価値に基づく分析と要素分解

　例）狩野分析

㉕プロセス分析

　例）バリュー・ストリーム・マッピング

㉖継続的改善

　例）PDCA、PDSA

㉗アジャイル・ハイブリッド・モデル

例）アジャイルとウォーターフォール型の組合せ

㉘アジャイルの KPI（Key Performance Indicator；重要業績評価指数）
による管理

例）EVM

㉙アジャイル・プロジェクト・チャーター策定

例）プロジェクト憲章

㉚アジャイル契約

例）変更や分納

㉛アジャイル・プロジェクト会計原則

例）正当性と EVM

㉜規制の順守

例）コンプライアンスとガバナンス

㉝ PMI® の倫理・職務規定

例）PMI がプロジェクト・マネジャーに求める行動規範

次の章では ECO のドメインとタスク（Task）を紹介します。このタスクが試験のキーポイントになっているので、それを中心に今までの勉強を振り返って自分の理解度を試してください。

タスクごとに理解度テストがあります。解答のポイントは、問われている人は誰のことなのか、この問題はどのプロセスや時点でのことなのか、についてしっかり理解することです。答えはまとめて章末に記載しました。

ドメインとタスク
《付：理解度テスト》

ドメイン1：アジャイルの原則と考え方

◉アジャイル12の原則

1. 顧客満足を最優先し、価値のあるソフトウェアを早く継続的に提供します。
2. 要求の変更はたとえ開発の後期であっても歓迎します。変化を味方につけることによって、お客様の競争力を引き上げます。
3. 動くソフトウェアを、2〜3週間から2〜3カ月というできるだけ短い時間間隔でリリースします。
4. ビジネス側の人と開発者は、プロジェクトを通して日々一緒に働かなければなりません。
5. 意欲に満ちた人々を集めてプロジェクトを構成します。環境と支援を与え、仕事が無事終わるまで彼らを信頼します。
6. 情報を伝える最も効率的で効果的な方法はフェイス・トゥ・フェイスで話をすることです。
7. 動くソフトウェアこそが進捗の最も重要な尺度です。
8. アジャイル・プロセスは持続可能な開発を促進します。一定のペースを継続的に維持できるようにしなければなりません。
9. 技術的卓越性と優れた設計に対する不断の注意が機敏さを高めます。
10. シンプルさ（ムダなく作れる量を最大限にすること）が本質です。
11. 最良のアーキテクチャー・要求・設計は、自己組織的なチームから生み出されます。
12. チームがもっと効率を高めることができるかを定期的に振り返り、それに基づいて自分たちのやり方を最適に調整します。

◉ Task 1

▶ チーム全体およびチームと顧客間で共通の考え方を策定するために、アジャイルの原則をモデル化し、アジャイルの価値について議論することによって、アジャイルの原則を奨励します。

▶ 試験のポイント

- アジャイル 12 の原則

◉ 理解度テスト 1-1

> アジャイル・プロジェクトを進めていくうちに、計画したユーザーストーリー・ポイントが消化できていないスプリントが続いた。このとき、あなたがとるべき行動として、最もよいと考えられるのは次のうちどれか。
>
> A) ベロシティを分析し、ボトルネックになっている作業員を特定し指導する
> B) スパイクを開催し、原因を特定し継続的改善を行う
> C) スプリントの振り返りでチームの意見を聞き、次のスプリント計画へ反映する
> D) 一日の作業時間を延長し、計画した量を達成できるようにチームを鼓舞する

◉ Task 2

▶ アジャイルの価値や原則についての共通の理解、および効率的に作業するために使用されているアジャイル実務慣行や用語に関する共通の知識を、誰もが確実に持てるようにします。

▶ 試験のポイント

- アジャイルマニフェストと具体的な行動との関係
- アジャイル 12 の原則と具体的な関係

◉理解度テスト 1-2

アジャイル・プロジェクトにおいて、プロジェクト憲章を作成する主な理由は次のうちどれか。

A) チーム全員が従うべき行動規範を決めて徹底するため
B) プロジェクトの運営方針を全員に周知させるため
C) プロジェクトのステークホルダーに、プロジェクトの運営方針を説明するため
D) アジャイル型ではプロジェクト憲章を作成する必要はない

◉ Task 3

▶ 組織をより効果的かつ効率的にするために、組織を教育し、プロセスと行動、および人材に影響力を及ぼすことによって、システムまたは組織レベルで変化を支援します。

▶ 試験のポイント
- アジャイル型プロジェクトの導入
- 影響力の発揮
- 組織レベルでの変化(変革)

◉理解度テスト 1-3

あなたは従来型プロジェクトマネジメントに精通したプロジェクト・マネジャーである。あるとき上司から、組織としてアジャイルを導入したいがどのような手法がよいか、と尋ねられた。あなたは次のうちどの提案を行うか。

A) まずいくつかの手法を試して、できるかどうか確認する
B) 優秀なスクラム・マスターを雇う
C) アジャイルの成功者をヘッド・ハンティングする

D）アジャイルの価値と原則を全員が理解できるように教育する

◉ Task 4

▶ 透明性と信頼性を強化するために、実際の進捗状況と実際のチームの
パフォーマンスを示す可視性の高い情報ラジエーターを維持管理する
ことによって、可視化を実践します。

▶ 試験のポイント
- 情報ラジエーター
- 情報の可視化
- 透明性

◉理解度テスト 1-4

あなたはプロダクト・オーナーである。あるとき、上位マネジメント
から、プロジェクトの現状を説明するように指示された。次のうちあな
たがとるべき行動として最も適切なのはどれか。

A）スクラム・マスターに、すぐに報告書をまとめるように指示する

B）チームに作業を一時止めて詳細なレポートを提出するようにいう

C）上位マネジメントに、現場に来てタスクボードをみればわかる、
という

D）作成してあるダッシュボード・レポートを説明する

◉ Task 5

▶ 1人ひとりが作業する方法を学び継続的に改善できるように、全員に
試行錯誤させることによって、安全で信頼できるチームの環境作りに
貢献します。

▶ 試験のポイント
- 継続的改善

• 失敗の許容

◉**理解度テスト 1-5**

アジャイル・チームが学びを深めるために行わないことは、次のうちどれか。

A）早期に失敗し、そこから学ぶ

B）トライ＆エラーから学ぶ

C）失敗を振り返り改善を行う

D）フィードバック・ループによりパフォーマンスの低いメンバーを特定する

◉ **Task 6**

▶ より効率的で効果的な作業方法を発見するために、新しい技法やプロセスのアイデアを試すことによって、創造性を強化します。

▶ **試験のポイント**

• アーキテクチャー・スパイク

• KPT（Keep, Problem, Try）

◉**理解度テスト 1-6**

スプリント・レビューで KPT を活用した振り返りを行ったとき、メンバーの1人から新しい技術についての提案があった。スクラム・マスターであるあなたはどうするか。

A）今は新しい技術について議論している暇はない、として不採用とする

B）有効性について説明を受けた後、アーキテクチャー・スパイクを実施する

C）新しいことへのチャレンジとして、必要な訓練を計画する

D）もとの計画にない技術だから、リスク対策を立案するように言う

◉ Task 7

▶ 知識のサイロ化に関するリスクを軽減し、ボトルネックを減らすために、協力して共同作業を行うことによってチームメンバー間の知識の共有を促進します。

▶ 試験のポイント

- ボトルネック（作業やシステムにおける能力や容量などが低いか、小さくて全体の能力や速度を制限してしまう部分のこと）
- 形式知や暗黙知の共有

◉理解度テスト 1-7

あなたは、アジャイル型プロジェクトを進めるにあたって、作業場所をコロケーションとしてコミュニケーションの円滑化を図った。次のうち、コロケーションで作業するチーム内のコミュニケーションを強化する手法はどれか。

A）浸透コミュニケーション
B）送信者・受信者モデル
C）プル型コミュニケーション
D）プッシュ型コミュニケーション

◉ Task 8

▶ 改善を行い自己組織化と強化を図るために、新しい手法を試みることができる安全で敬意に満ちた環境を確立することによって、チーム内の創造的なリーダーシップを奨励します。

▶ 試験のポイント

- 自己組織化

●理解度テスト 1-8

自己組織化を実現しているチームの特徴ではないものは、次のうちどれか。

A) T字型人間が揃っている
B) 機能横断型チームである
C) チームリーダーの指示によく従って行動している
D) 相互理解が進んでいる

● Task 9
▶ チームが最高のレベルで実行し、改善を続けることができるように、業務の支援や後押しをすることで、サーバント・リーダーシップを実践します。
▶ 試験のポイント
  • サーバント・リーダーシップ（スチュワードシップ）

●理解度テスト 1-9

サーバント・リーダーシップの特徴は、次のうちどれか。

A) クライアントの「召使」として、クライアントのためになんでも実施する
B) アジャイル・チームを後ろからリードする
C) アジャイル・チームの「召使」として、チームのためになんでも実施する
D) アジャイル・チームのリーダーとして強いリーダーシップを発揮する

ドメイン２：価値主導のデリバリー

《ポジティブな価値の定義》

◉ Task 1

▶ 価値のない追加的な作業を最小限に抑えながら、ステークホルダーへの価値を最大限に高めるために、増分的に生産するための単位を特定することによって、成果物を定義します。

▶ 試験のポイント
- リーン開発
- バリュー・ストリーム
- フィーチャーやユーザーストーリー

◉ 理解度テスト 2-1

あなたの組織は、受注から納品までをマネジメントする責任がある。全体のプロセスを見渡して、無駄な工程やプロセスを特定してコスト効率を向上させようとしているが、そのときに活用するツールは次のうちどれか。

A）バリュー・ストリーム・マッピング

B）なぜなぜ分析

C）管理図

D）EVM

◉ Task 2

▶ ジャストインタイムを基本として、価値をデリバリーするためのフィーチャーの受入れ基準についての合意を得られるように、要求事項を洗

練します。

▶ 試験のポイント

- ジャストインタイム（JIT）
- 受入れ基準
- ユーザーストーリーごとの受入れ基準
- 共通受入れ基準（DONE）
- ユーザーストーリーの洗練

◉理解度テスト 2-2

あなたのプロジェクトでは、カンバン方式を採用して作業状態の可視化を実践している。この手法による利点と考えられるのは次のうちどれか。

A) チームのパフォーマンスが測定できる
B) ジャストインタイムが実現できる
C) 報告書を書かなくて済む
D) リーダーからの指示を待っていればよいので楽である

◉ Task 3

▶ 価値のデリバリーを最適化するために、プロジェクトや組織の特性やチームの経験に基づいて、プロセスを選択し調整します。

▶ 試験のポイント

- 経験に基づくプロセスの最適化（テーラリング）

◉理解度テスト 2-3

担当するプロジェクトの運営を設計するにあたって、プロジェクトの特性を詳細に調査した。この結果、今までに経験のない複雑な要素が絡み合っていることがわかった。この状態でプロジェクトをどう組み立てるのか、次の中から最適なものを選べ。

A）PMBOK®ガイドなどの標準書に沿ったプロセスとする

B）組織に決められた標準プロセスがあるのでそれに従う

C）経験のないことは大きなリスクになるのでプロジェクトを辞退する

D）有識者とともにプロセスのテーラリングを行う

● Task 4

▶ 価値を早期に認識しデリバリーを可能にするために、要求事項をまとめて最小限の市場性のあるフィーチャーや最小限の実行可能な製品に絞って、リリース可能な小規模な増分を計画します。

▶ 試験のポイント

- MMF（Minimum Marketable Feature）
- MVP（Minimum Viable Product）

●理解度テスト 2-4

あなたは、最初に顧客要求をフィーチャーとして表現し、その優先順位を決めた。最初のイテレーションで開発すべき最小限の機能を持つ成果物は次のうちどれか。

A）MVP

B）MMF

C）ESVP

D）EMV

《潜在的な弱点の回避》

● Task 5

▶ 早期にリスクを特定して最小限のコストで対応するために増分サイズを制限し、適切なステークホルダーによるレビュー頻度を増やします。

▶ 試験のポイント
  • リスク特定
  • スモールバッチ・システム

◉理解度テスト 2-5

あなたのプロジェクトはアジャイル型ではあるが、成果物の品質には大きな期待が寄せられている。成果物の品質を担保するために必要な活動として有効なのは次のうちどれか。

A) スモールバッチ・システム
B) 浸透コミュニケーション・システム
C) カンバン・システム
D) バーチャル・システム

◉ Task 6
  ▶ ビジネス価値を確認し強化するために、増分を頻繁にレビューすることによって、顧客およびユーザーのフィードバックを求めます。
  ▶ 試験のポイント
   • 動くプロダクトのデモ
   • スプリント・レビュー
   • 振り返り

◉理解度テスト 2-6

アジャイル・プロジェクトにおける進捗管理の基本は、次のうちどれか。

A) EVM
B) ベロシティ
C) リリース

D）動く成果物

《優先順位づけ》

◉ Task 7

▶ 成果物の価値を最適化するために、ステークホルダーとのコラボレーションを通じて作業単位（タスク）の優先順位づけを行います。

▶ 試験のポイント

- バックログの優先順位づけ
- タスク見積り

◉ 理解度テスト 2-7

タスクについての説明で、最も適切なものは次のうちどれか。

A）エピックを分解したもの
B）ユーザーストーリーを分解したもの
C）スプリント・バックログ
D）プロダクト・バックログ

◉ Task 8

▶ 増分開発の全体的なコストを削減するために、内部品質を優先順位づけし、維持管理することによって、作業結果の頻繁なレビューと維持管理を実行します。

▶ 試験のポイント

- 品質保証

◉ 理解度テスト 2-8

成果物の品質にかかわるコストのうち、内部品質に相当するコストは

次のうちどれか。

A) 保守

B) リコール

C) 教育

D) クレーム

◉ Task 9

▶ 成果物の品質と価値を改善するために、環境的、運用的、およびインフラ的な要素を継続的に特定し、優先順位づけを行います。

▶ 試験のポイント

- カイゼン（継続的改善）

◉ 理解度テスト 2-9

改善活動を行う場合に、あまり使われないツールや技法は次のうちどれか。

A) 魚の骨図

B) 管理図

C) パレート図

D) ペルソナ

《増分開発》

◉ Task 10

▶ 進行中の作業や予定されている作業のフィードバックと修正を得るために、ステークホルダーによる運用レビューや定期的なチェックポイント・レビューを実施します。

▶ 試験のポイント

- ステークホルダーのレビュー

◉**理解度テスト 2-10**

> 　ステークホルダーからのフィードバックを得る目的は、次のうちどれ
> か。
>
> 　A）顧客不満のガス抜きをするため
> 　B）将来のプロジェクトへのインプットとするため
> 　C）次回以降のイテレーションにおける作業に反映させるため
> 　D）追加案件を獲得するため

◉ **Task 11**

▶ 時間とともに総合的価値のデリバリーを最大化するために、価値創造
とリスク軽減の両方の作業をバックログに組み込むことによって、成
果物単位の開発とリスク軽減の労力のバランスをとります。

▶ **試験のポイント**
- リスク調整済みバックログ

◉**理解度テスト 2-11**

> 　あなたはメンバーから新たなリスクについて提起されたので、リスク
> ベース・スパイクを実施した。その結果、リスク軽減策を策定したが、
> それをどう扱うか。
>
> 　A）リスク管理表に記述し、リスク・バーンダウンチャートに記載す
> 　　る
> 　B）対策をユーザーストーリーとして、プロダクト・バックログに追
> 　　加する
> 　C）対策を変更要求の一部として、プロダクト・バックログに追加する
> 　D）タスクボードに記載して、誰かが作業することを監視する

◉ Task 12

▶ 環境およびステークホルダーのニーズや好みの変化を反映して価値を最大化するために、定期的に要求事項の優先順位を見直します。

▶ 試験のポイント

- バックログの洗練
- グルーミング

◉ 理解度テスト 2-12

スクラム・マスターであるあなたは、市場の環境変化により現在開発中のプロダクトにはすでに価値がないと判断した。どうすべきか。

A) プロジェクトを中止する
B) プロダクト・オーナーに、バックログの優先順位の見直しを依頼する
C) プロダクト・オーナーに、プロジェクトの実効性を尋ねる
D) チームメンバーに休暇をとるように勧める

◉ Task 13

▶ 失敗確率を最小限に抑えるために、ソリューションが使用される環境を考慮することによって、関連する非機能要求(運用やセキュリティなど)を引き出し、優先順位を付けます。

▶ 試験のポイント

- ソリューションにおける非機能要求事項

ソリューション要求事項	ビジネス要求事項やステークホルダー要求事項を満たすプロダクト、サービス、または所産についてのフィーチャー、機能および特性
機能要求事項	プロダクトの振る舞い
非機能要求事項	機能要求事項を補足し、プロダクトを効果的にするために求められる環境条件や品質

図 7-1 機能要求と非機能要求

◉理解度テスト 2-13

　ITシステムを構築するにあたり、顧客から具体的な非機能要求がなかったので、非機能要求に関するストーリー・セッションを開催した。次のうち非機能要求だと思われる事項はどれか。

　A）システムにコマンドを入力してから、答えが返ってくるまでの時間

　B）トランザクションを単位時間に処理できる能力

　C）エラー処理のメッセージを赤字とすること

　D）将来拡張するための保守性

◉ Task 14

　▶改善点を特定して全体的なプロセスまたは製品やサービスに組み込むために、検査、レビュー、テストなどを実行することによって、作業成果物の頻繁なレビューを行います。

　▶試験のポイント

　　・品質検査、品質保証

　　・技術的負債

◉理解度テスト 2-14

技術的負債の原因と考えられないものは、次のうちどれか。

A）設計書やテストコード作成の先送り

B）ソースコード中の積み残し項目

C）情報共有(コメント等)の手抜き

D）見るからに美しいコーディング

ドメイン3：ステークホルダーの関与

《ステークホルダーのニーズの理解》

◉ Task 1

▶ チームがステークホルダーの興味、ニーズ、および期待についての知識を確実に得るために、定期的なレビューを通じて、影響力と権限のあるビジネス・ステークホルダーを特定して関与させます。

▶ 試験のポイント

  ● ステークホルダー特定
  ● ステークホルダー分析

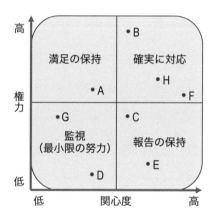

図7-2 ステークホルダーの位置づけの例

◉理解度テスト 3-1

あなたのプロジェクトに関与するステークホルダーは多数存在する。特に重要と思われるステークホルダーも何人かは知っているが、他はよく知らない。あなたはステークホルダーを漏れなく特定したいと考えている。次のうち適切な手法はどれか。

A) ベンダーに依頼してステークホルダーの一覧を作成してもらう

B) スポンサーと相談し、さらに特定したステークホルダーとの会話をもとに、他のステークホルダーを特定していく

C) チームメンバーの知り合いをステークホルダーとして特定しておく

D) プロジェクトの進捗につれ、付き合う人が増えてくるので、それらの人をステークホルダーとする

◉ Task 2

▶ プロジェクトの存続期間を通じて情報と価値のスムーズな流れを確保するために、プロジェクトの早期から全期間を通じて知識共有を推進することによって、すべてのステークホルダー（現在と将来)を特定し、積極的な関与を求めます。

▶ 試験のポイント

• 知識共有、ステークホルダーの関与の確保

◉ 理解度テスト 3-2

プロジェクト内で知識共有を進めるための手法ではないものは、次のうちどれか。

A) 浸透コミュニケーション

B) 情報ラジエーター

C) コモンスペース

D) ケーブ

◉ Task 3

▶ 参加および効果的なコラボレーションを促進するために、主要なステークホルダーとの間で作業合意を得ることによって、ステークホルダー

との関係を確立します。

▶ 試験のポイント

- ステークホルダー・エンゲージメント

ステークホルダー	不認識	抵抗	中立	支持	指導
A氏	過去 →	→	現状 →	目標	
B氏			過去	現状、目標	
C氏				現状、目標	

図 7-3 ステークホルダー関与度マトリックス

◉理解度テスト 3-3

プロジェクトを成功させるためには主要なステークホルダーからの支持を獲得する必要がある。次のうち、ステークホルダーの関与レベルには相当しないものはどれか。

A) 無関心
B) 中立
C) 抵抗
D) 無視

◉ Task 4

▶ 新しいステークホルダーの適切な関与を確保するために、プロジェクトおよび組織の変更内容を継続的に評価することによって、適切なステークホルダーの関与を維持します。

▶ 試験のポイント

- ステークホルダー分析

●理解度テスト 3-4

　あなたのプロジェクトに関与する主なステークホルダーが人事異動で代わってしまった。プロダクト・オーナーとして、あなたはどうするか。

A）開発途中であり、バックログに影響がないから無視する
B）スクラム・マスターに新しいステークホルダーに注意するよう喚起する
C）改めてステークホルダー特定と分析プロセスを実行する
D）変化をリスクと捉えて、リスク対策を講じる

● Task 5
　▶ 意思決定の質を向上させ、意思決定に必要な時間を短縮するために、グループの意思決定とコンフリクトの解決を促進することによって、組織のメンバー間の協力的な行動を確立します。
　▶ 試験のポイント
　　• コンフリクトの解消

●理解度テスト 3-5

　あなたのチームはダンの定義について、組織の品質保証担当と協議を続けている。あるとき、メンバーの1人と品質保証担当との議論の末、2人がお互いを避けるようになってしまった。この対立の解消方法として適切なものは何か。

A）撤退
B）妥協
C）協力
D）強制

⦿ Task 6

▶ ステークホルダーの期待に応え信頼を築くために、ハイレベルなビジョンと支援目標を策定することによって、さまざまなプロジェクト増分の共有ビジョンを確立します。

▶ 試験のポイント

- プロジェクトとプロダクトのビジョン

⦿理解度テスト 3-6

> 　ある組織がアジャイル・プロジェクトを導入することに方針を固めたが、一部のステークホルダーが反対している。その理由は、最終成果物が明示できなければ目標も曖昧であるし、いつ終わるのかわからないではやる気も起こらない、ということである。彼らを説得するためにあなたはどんな説明をするか。
>
> A) それがアジャイルの特徴だから、我慢するように言う
> B) 組織の方針だから従うように言う
> C) プロジェクト・ビジョンとプロダクト・ロードマップについて説明する
> D) そんな意見は無視してさっさと進める

⦿ Task 7

▶ 期待に応えて信頼を築くために、ステークホルダー間の認識を促進することによって、成功の基準、成果物、および受容可能なトレードオフの共通理解を確立し、維持します。

▶ 試験のポイント

- 相互理解と相互依存
- 成功基準

●理解度テスト 3-7

　あなたはプロダクト・オーナーとして雇われている。今回運営するプロジェクトは、組織にとってかなり重要な位置づけにあるとスポンサーに言われた。あなたはステークホルダーからの強い支持と理解が不可欠だと判断し、成功基準を明確にしようと考えた。成功基準についての説明で、次のうち正しいものはどれか。

A) 顧客満足を基本として設定する
B) アジャイルには、成功基準が存在しない
C) 成功基準はスポンサーが決めることである
D) 成功基準を達成するためにチームを鼓舞し、場合によっては残業も計画する

● Task 8
▶ 主要なステークホルダーが情報に基づく意思決定を行うことを支援するために、チームの進捗状況、作業の品質、障害、およびリスクを伝えることによって、作業状況に関する透明性を提供します。
▶ 試験のポイント
• 透明性
• 進捗状況の可視化
• 情報ラジエーター

●理解度テスト 3-8

　プロジェクト運営にあたっては透明性が成功の一つのカギである。プロジェクト状況を共有するためには使われないツールは次のうちどれか。

A) バーンダウン・チャート
B) リスク・プロファイル

C）カンバン

D）プランニング・ポーカー

◉ Task 9

▶ ステークホルダーが効果的に計画を立てられるように、確実性へのニーズと適応性の利点とのバランスのとれた予測を詳細なレベルで提供します。

▶ 試験のポイント

•EVM

◉理解度テスト 3-9

　EVM を活用してストーリーポイントの達成状況を測定する場合に、リリース計画の達成が困難かどうかの予測を行うことができる。リリース予定の時期にストーリーポイントがいくつ達成できるかどうかを示すパラメータは次のうちどれか。

A）TCPI

B）CPI

C）SPI

D）EAC

ドメイン4：チームのパフォーマンス

《チーム編成》

◉ Task 1

▶ チームの一貫性を促進し、共有された成果へのチームメンバーのコミットメントを強化するために、他のチームメンバーと協力して行動規範と内部プロセスを考案します。

▶ 試験のポイント

- チーム憲章、行動規範

◉理解度テスト4-1

あなたはスクラム・マスターである。担当するチームの行動があまり芳しくないことに気がついた。チームには行動規範が必要だと感じている。あなたがとるべき手法は、次のうちどれがよいか。

A) プロダクト・オーナーと相談して自ら作成し、チームを従わせる
B) スクラム・マスターとして責任を持って自分で作成する
C) チームに作らせて、その実行を管理する
D) チームに作らせて、チームが自ら守るように見守る

◉ Task 2

▶ プロジェクトの進行を遅れないようにしつつ、ビジネス価値を創出するすべてのプロジェクト目標を達成するために、必要な人間関係スキルと技術的スキルを備えたチームの構築を支援します。

▶ 試験のポイント

- チーム形成、タックマン・モデル

●理解度テスト 4-2

よいチームを構築するにはある程度の時間がかかると言われている。チームの成立から解散までの形成プロセスを段階的に説明した手法は、次のうちどれか。

A) 自己組織化
B) タックマン・モデル
C) 五段階欲求
D) ドレイファス

《チームの強化》

● Task 3
▶ チームの規模とボトルネックを削減し、パフォーマンスの高い機能横断チームを作るために、チームメンバーが総合的な専門家になることを奨励します。
▶ 試験のポイント
• 機能横断型チーム、T字型、I字型

●理解度テスト 4-3

機能横断型チームの特徴は、次のうちどれか。

A) 全員が特定分野の専門家である
B) 全員がジェネラリストである
C) メンバーは、同一組織から集められている
D) メンバーは、さまざまな機能分野から参加している

● Task 4

▶ 効果的なソリューションを生み出し複雑さをマネジメントするために、チームを後押しして創発的なリーダーシップを奨励することによって、作業を自己組織化することに貢献します。

▶ 試験のポイント
  • 自己組織化チーム

●理解度テスト 4-4

あるチームメンバーが、「作業見積りができない」と悩んでいる。あなたはスクラム・マスターとしてどうすべきか。

A）チーム内の誰かが助けるのを待つ
B）専門家に見積りを依頼する
C）自分の得意分野なので率先して手本を示す
D）チーム内での助け合いを促す

● Task 5

▶ プロジェクト全体を通してチームの士気を高め、チームメンバーの意欲と生産性を確保するために、チームと個人のやる気を出す要因とやる気をなくす要因を継続的に見つけ出します。

▶ 試験のポイント
  • 動機づけ理論

動機づけ要因	● 達成；その仕事を最後まで達成することができる
	● 認知；その仕事の実行を多くの人が期待している
	● 責任；その仕事を責任をもって任される
	● 成長；その仕事が本人にとってよい経験になる
	● 内容；その仕事が本人にとって興味がある
	● 昇進；その仕事が成功したとき、昇進等の報奨がある
衛生理論(要因)	給与、処遇、作業条件、会社の方針など仕事をするための外部要因のことで、不満を予防するものである

図 7-4 ハーツバーグの二要因理論

● X理論
人は仕事が嫌いで逃げたがるもの（統制）
● Y理論
人は適切な動機づけのもとでは、自ら率先して問題解決に努力し自己責任を持つ（自立）

図 7-5 マグレガーの XY 理論

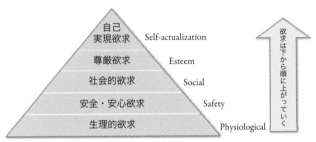

図 7-6 マズローの欲求五段階説

◉理解度テスト 4-5

プロジェクトのマネジメントに適切な動機づけは、Y理論であると言われている。次のうち、Y理論について表しているものはどれか。

A) 人は基本的に仕事をやりたがらない特性があるので、厳しく対処する
B) その人に見合った動機づけを行うことによって、積極的に仕事をする
C) 生涯安定して働けることが保証されると、積極的に仕事をする
D) 下位の要求段階で満足しないと、上の段階には行かない

《チームのコラボレーションとコミットメント》

◉ Task 6

▶ 伝達ミスや手戻りを減らすために、コロケーションやコラボレーション・ツールの使用を通じて、チーム内ならびに適切な外部ステークホルダーとの緊密なコミュニケーションを促進します。

▶ 試験のポイント
- コミュニケーション技法、送信者・受信者モデル

◉理解度テスト 4-6

伝達ミスの大半は、情報発信側の思い込みだと言われる。これを防ぐためには、発信する情報を簡単明瞭にすることはもちろんのこと、次のことが重要だと言われる。それはどれか。

A) メールでの伝達では、相手が確実に受信したかどうか確認する
B) 信頼関係に基づいて、嫌われないように、確認まではしない
C) 長年の付き合いだから、言わなくてもわかっているはずだ
D) 情報がこちらの意思どおりに正しく理解されたかどうか、確認する

◉ Task 7
▶ 予測可能な成果を確立してデリバリーされる価値を最適化するために、注意散漫にならないようにします。
▶ 試験のポイント
- ケーブ(洞窟)とコモンスペース

◉理解度テスト 4-7

チームメンバーはメンバー間のコミュニケーションを大切しなければならないが、場合によっては誰にも邪魔されないように集中して仕事をしたいものである。そのような環境を何と呼ぶか。

A) 洞窟
B) コモン
C) コロケーション
D) バーチャル

⦿ Task 8

▶ チームの目標がどのようにプロジェクトの全体的な目標に適合しているかを確実に理解するために、プロジェクトのビジョンを共有することによってプロジェクトとチームの目標をすり合わせます。

▶ 試験のポイント

• ビジョンの共有、プロジェクト憲章

⦿ 理解度テスト 4-8

プロジェクトの開始時に作成する重要な文書の一つに、プロジェクト・ビジョンや運営方針を記述したプロジェクト憲章がある。あなたはプロダクト・オーナーと一緒になってプロジェクト憲章を作成したところである。さてスクラム・マスターであるあなたが次にとるべき行動は、次のうちどれか。

A) プロジェクト憲章の内容についてチームに説明する
B) プロジェクト憲章は大切な文書なので、しかるべき場所にしまっておく
C) プロジェクト憲章は、立上げに必要な文書なので、プロジェクトを立ち上げたら廃棄する
D) プロジェクト憲章は、スポンサーに提出して保管してもらう

⦿ Task 9

▶ メンバーの能力をよりよく理解し、より正確な予測を作成するために、以前のイテレーションまたはリリースにおける実際のパフォーマンスを追跡して測定することにより、チームのベロシティを測定することを奨励します。

▶ 試験のポイント

• ベロシティ

●**理解度テスト 4-9**

あなたはスクラム・マスターとして、次のスプリントにおけるストーリーポイントの目標値を設定しようとしている。そのときに別のスクラム・チームからベロシティの競争をしようと言われた。あなたはどうするか。

A) モチベーション・アップになると思って受ける

B) ストーリーの基準が違うので意味がないと言って断る

C) チームのみんなと相談する

D) プロダクト・オーナーと相談する

ドメイン5：適応型計画

《計画のレベル》

◉ Task 1

▶ ローリング・ウェーブ計画法と段階的詳細化を使用して適切な詳細を作成し、結果の予測可能性と機会を活用する能力とのバランスをとることによって、さまざまなレベル（戦略的、リリース、イテレーション、日次、など）で計画します。

▶ 試験のポイント

- ローリング・ウェーブ、段階的詳細化

◉ 理解度テスト 5-1

段階的詳細化の一つとしてアジャイルでもグルーミングがよく使われるが、それをよく表しているものは次のうちどれか。

A) チームの雰囲気を和らげるために、ペットを飼うこと
B) リリース終了時にデリバリーしたフィーチャーを見直すこと
C) デイリースタンドアップ時にユーザーストーリーを見直すこと
D) スプリント毎にユーザーストーリーを見直すこと

◉ Task 2

▶ コミットメントのレベルを高め不確実性を低減するために、主要なステークホルダーの参加を促し、計画活動の結果を公開することによって、計画活動の可視化と透明性を確保します。

▶ 試験のポイント

- 計画の可視化と透明性

●理解度テスト 5-2

> ステークホルダーの満足を得るためには計画の可視化や透明性が求められる。そのために使われる手法ではないものは、次のうちどれか。
>
> A) カンバンボード
> B) ストーリー・マッピング
> C) プロダクト・ビジョン
> D) ユーザーストーリー・ワークショップ

● Task 3

▶ プロジェクトの進展とともに、期待される成果物の共通理解を確保するために、コミットメントのレベルをより具体化することによって、ステークホルダーの期待事項を設定してマネジメントします。

▶ 試験のポイント

• ステークホルダーの期待事項

●理解度テスト 5-3

> ステークホルダーの期待を明確にする手段としてよく使われるものは、次のうちどれか。
>
> A) バーチカル・スライス
> B) ホリゾンタル・スライス
> C) フォークボール
> D) フックボール

◉ Task 4

▶ 価値を最大化するために、プロジェクトの成果物の特性や規模、複雑さ、重要性に関する定期的な振り返りの結果に基づいて、ケイデンスと計画プロセスを適応させます。

▶ 試験のポイント

• ケイデンス（カデンツ、ペース、テンポ）

◉ 理解度テスト 5-4

プロジェクトの進捗具合や成果物の特性によっては、作業の進め方や計画を見直さなければならない。特に最初にはなかった要求事項の追加や変更などが頻繁になってくると、デリバリーの頻度を高めるためにスプリントの期間を短くするなど、ケイデンスの変化が必要になることがある。これによって起こりそうな事態は次のうちどれか。

A）休暇取得が困難になる

B）残業が増える

C）ステークホルダーからの圧力が高まる

D）特に何も起こらない

◉ Task 5

▶ デリバリーされるビジネス価値を最大化するために、チームの学習、デリバリー体験、ステークホルダーのフィードバック、および欠陥に基づき、要求事項、スケジュール、予算、および変化する優先順位を反映し、プロジェクトの計画を見直して適応させます。

▶ 試験のポイント

• 計画の見直しや適応、アジャイルの規模の決定と見積り

●理解度テスト 5-5

> 　今、イテレーション後半にきているが、トラブルが発生し、予定のストーリーポイントの消化が難しい状況にある。この場合、あなたは次のうちどの行動をとるか。
>
> 　A）残業や休日出勤で予定を消化するようチームを鼓舞する
> 　B）プロダクト・オーナーに相談して、要員の増強を依頼する
> 　C）未消化分を次のイテレーションに組み入れられるように、バックログに戻して、次のイテレーション計画に反映させる
> 　D）プロジェクトにはトラブルは当たり前のことなので、特段なにもしない

● Task 6

　▶ チームのベロシティや外部変動要素とは無関係にプロジェクトの規模を推定するために、段階的詳細化技法を使用して、各項目の規模を決定します。
　▶ 試験のポイント
　　• フィーチャーやユーザーストーリーの見積り、タスク見積り

●理解度テスト 5-6

> 　プロダクト・ビジョンに基づいてロードマップを作成したところである。あなたはイテレーション計画で、イテレーションごとに消化すべきストーリーポイントを決めようとしている。ところがチームの能力などの要素が不確定なのでなかなか難しい。あなたはどうするのか、次のうち最も好ましい方法はどれか。
>
> 　A）他の関連する情報をできるだけ集めて分析し、自信のある確実な計画とする

B) とりあえず優先順位に基づきいくつかのストーリーを計画して実行し、その結果から次の計画に反映させる

C) 計画を立てないで、できるところから始める

D) ロードマップを達成するように、チーム要員の増強をお願いする

◉ Task 7

▶ ある幅での見積りを作成または更新するために、保守および運用についての要求やその他の要素を取り入れて、キャパシティを調整します。

▶ 試験のポイント

- TCO（Total Cost of Ownership：総所有コスト）
- プロダクト・ライフサイクルでの総コスト見積りを意味し、初期の開発費、運用費、保守費などすべての費用を含みます。

◉理解度テスト 5-7

あなたはスポンサーから、開発予定のプロダクトに関する総予算を策定するように言われた。あなたが組み込むべきコストに該当しないものは次のうちどれか。

A) プロジェクト費用

B) 特定ソフトウェアのライセンス料

C) 保守費用

D) 関連会社買収費用

◉ Task 8

▶ プロジェクトマネジメントの開始点を決定するために、プロジェクトのデリバリーに必要な労力（工数）の現在のハイレベルな理解を反映した、初期のスコープ、スケジュール、およびコストの概算見積りを作成します。

▶ 試験のポイント
- 概算見積り、不確実性のコーン

◉ **理解度テスト 5-8**

あなたはアジャイル・プロジェクトを開始するにあたって、スポンサーから、なるべく正確な見積りを提出するように依頼された。あなたはどう返答するか。

A) 詳細データを集めるまで待ってください、と答える
B) プロダクト・ビジョンに基づく超概算見積りでもよいか、尋ねる
C) アジャイル・プロジェクトでは見積りができない、と答える
D) チームと相談して答える、と返答する

◉ **Task 9**
▶ プロジェクトのデリバリーに必要な労力（工数）の現在の理解を反映した、スコープ、スケジュール、およびコストの概算見積りを洗練させます。
▶ 試験のポイント
- 見積りの洗練
- 超概算見積り、概算見積り、計画見積り、確定見積り

◉ **理解度テスト 5-9**

プロジェクトの開始にあたって、あなたはプロジェクト運営に必要なコスト見積りをしようとしている。次のうち、最も適切な見積りはどれか。

A) 超概算見積り
B) 概算見積り

C) 計画見積り

D) 確定見積り

◉ Task 10

▶ 残作業のコスト見積りを評価するために、資源のキャパシティ、プロジェクトの規模、およびベロシティのメトリックスにおける変化のデータを継続的に使用します。

▶ 試験のポイント

- 残作業見積り（EVM における ETC：Estimate To Completion）
- 累積フロー図（CFD）
- バーンダウン・チャート
- ベロシティの測定

◉理解度テスト 5-10

プロジェクト・チームの人件費が一定であるとして、イテレーション内の残作業コスト見積りを行う手法は、次のうちどれか。

A) バーンダウン・チャート

B) ベロシティ

C) 累積フロー図

D) コスト・ベースライン

ドメイン6：問題の検出と解決

◉ Task 1

▶ チームのベロシティを遅くしたり価値をデリバリーする能力を妨げている問題や障害を明るみに出したりするために、会話や実験を促すことによってオープンで安全な環境を作り出します。

▶ 試験のポイント

- スパイク：短時間での実験や学習

◉ 理解度テスト 6-1

デイリースクラムにおいて、1人のエンジニアの進捗が芳しくないことがわかった。あなたは、その問題は技術的に非常に重要なので緊急に対処しなければならないと思った。次にどんなアクションをとるべきか。

A) デイリースクラムを延長して、みんなで解決にあたる
B) リスク・スパイクを開催して対策を講じる
C) アーキテクチャー・スパイクを活用して問題解決にあたる
D) そのエンジニアに、頑張るように言う

◉ Task 2

▶ 問題を適切なタイミングで解決し、問題の原因となったプロセスを改善するために、プロジェクトのさまざまな時点でチームを教育してチームに関与することによって、脅威と課題を特定します。

▶ 試験のポイント

- 根本原因分析、なぜなぜ5回
- トレーニング

• 浸透コミュニケーション

1人のエンジニアが抱えていた課題を解決しようとしたら、プロセスの問題だということが判明した。この課題を解決するために適切ではない手法は次のうちどれか。

A) 根本原因を把握するために、なぜなぜ5回を実施する
B) パレート図を利用して重点項目を把握する
C) 問題解決に必要なスキルを持っている人を集めてスワームを実施する
D) 本来の作業に影響を与えないように、問題分析を週末の作業とした

◉ Task 3
▶ デリバリーされる価値を最大化するために、解決できない課題をふまえて期待事項を再設定し、適切なチームメンバーによって問題が確実に解決されるようにします。
▶ 試験のポイント
• 課題ログ

◉理解度テスト 6-3

1人のエンジニアが問題を抱えていて進捗が芳しくなかった。その内容について聞いてみると、個人の問題ではなく、チーム共通の問題であると気がついた。あなたはリーダーとしてどう対処するか。

A) プロダクト・オーナーに報告し、指示を仰ぐ
B) プロジェクト・スポンサーに報告し、指示を仰ぐ
C) すぐさま PMO に応援を頼む

D）課題ログを作成し、チームの中で解決にあたる人を任命する

◉ Task 4

▶ 責任能力を高めて行動を促し、オーナーシップと解決状況を追跡するために、脅威と課題のリストを目に見える形で監視対象とし、優先順位を付けて維持管理します。

▶ 試験のポイント

- 課題管理、問題管理、リスク監視

◉理解度テスト 6-4

あなたのチームはちょうどリスク・スパイクを終了したところである。この状況を文書化しておかねばならないが、次のうち適切な文書はどれか。

A）課題ログや課題管理表
B）リスク登録簿やリスク管理表
C）教訓登録簿や教訓管理表
D）リリース計画書やイテレーション計画書

◉ Task 5

▶ 透明性を確保するために、脅威リストを維持管理し活動をバックログに組み込むことによって、脅威と課題の状況を伝えます。

▶ 試験のポイント

- リスク再査定

◉理解度テスト 6-5

イテレーションの振り返りのときにリスク・スパイクを実施した。そのときに行うことではないのは、次のうちどれか。

A) 新たなリスクについて検討する

B) 現在対応中のリスクについて再検討する

C) 対応策が実行中であり、もう発生しないと判断したリスクを終結する

D) 次のイテレーションで実行されないリスク対応策を終結する

ドメイン7：継続的改善（製品、プロセス、人材）

◉ Task 1

▶ 確立された組織のガイドラインと規範の範囲内でチームの有効性を確保するために、チームの実務慣行、組織文化、およびデリバリーの目標を定期的にレビューし統合することによって、プロジェクトのプロセスを調整し適応します。

▶ 試験のポイント

- チームの行動規範やチーム憲章

◉ 理解度テスト 7-1

最近、あなたのチームは緊張感がなく、仕事中にもかかわらず私語が多くみられる。原因を調査したところ、何人かのエンジニアが「家族との接触が薄れてきた」と嘆いていた。プロジェクトは変更作業も安定し、バックログにじっくり取り組めそうである。このとき、効果的な活動は次のうちどれか。

A) 休暇をとりやすいように、スプリント期間を6週間にする
B) 行動規範を見せて、気持ちを引き締めるように言う
C) 進捗状況について話し合い、ベロシティを達成するように言う
D) 早く仕事を進めるために、スプリント期間を2週間にする

◉ Task 2

▶ チーム、プロジェクト、および組織の有効性を継続的に向上させるために、頻繁な振り返りと改善を試行して、チーム内のプロセスを改善します。

- 振り返り、KPT

●理解度テスト 7-2

イテレーションの振り返りのときに、1人の技術者から改善の提案が
あった。その内容について議論するときにキーポイントとなる要素では
ないものは、次のうちどれか。

A）Commitment
B）Keep
C）Problem
D）Try

● Task 3
▶ 製品の価値を改善するために、増分的なデリバリーと頻繁なデモンス
トレーションによって製品に関するフィードバックを求めます。
▶ 試験のポイント
- スプリント・デモとステークホルダーのフィードバック

●理解度テスト 7-3

顧客へ増分のデモを行う目的はなにか、次のうち最も適切なものを選
べ。

A）顧客の真の要求を把握する
B）顧客不満のはけ口として今後の付き合いに役立てる
C）プロダクト・オーナーの顔を立てる
D）当該フィーチャーの価値を確認する

◉ Task 4

▶ より生産性のある総合的な専門家のチームを育成するために、人々が自分のスキルを磨く機会を提供することによって、継続的な学習環境を作ります。

▶ 試験のポイント

- 学習サイクル
- ドレイファス

◉ 理解度テスト 7-4

個人の育成はチーム育成の土台と言われる。そのために学習環境を整え、知識の共有の仕組みを構築してきた。その結果を評価するために役立つ理論は次のうちどれか。

A) ドレイファスの習熟度モデル

B) マグレガーの XY 理論

C) SL 理論

D) 2 段階理論

◉ Task 5

▶ 個々の効率性とチームの有効性を高めるために、バリュー・ストリームの分析を実行し、不用なものを除去することによって、既存のプロセス要素の課題に取り組みます。

▶ 試験のポイント

- バリュー・ストリーム

◉ 理解度テスト 7-5

あなたは組織全体の改革に取り組んでいる。どこに無駄が存在しているのかを把握するために、バリュー・ストリーム・マッピングを実施す

ることにした。このバリュー・ストリーム・マッピングの特徴ではない
ものは次のうちどれか。

A) エンドツーエンドは、顧客とする
B) マッピング上には、組織全体の関連を表す
C) 標準的なプロセスとの対比を表す
D) プロセスやプロセス間のインターフェイスにおける無駄を特定す
る

◉ Task 6

▶ 特定された問題が再発するのを避け、組織全体の有効性を向上させる
ために、プロジェクトや組織の境界を超えて知識・実務慣行を普及さ
せることによって、システムの改善を図ります。

▶ 試験のポイント

• 組織のナレッジマネジメント

◉理解度テスト 7-6

あなたはある問題解決にあたり、発生箇所への処置を終えたところで
ある。この問題は他の部分でも発生する可能性があるので、関係者に周
知したいと思っている。次のうちで比較的望ましい行動はどれか。

A) プロジェクトのタスクボードに注意事項を書き込む
B) 他のプロジェクトにも該当すると考えたので SOS に持ち込む
C) 組織共通の掲示板に書き込む
D) PMO へ報告する

理解度テスト《解答と解説》

《ドメイン1：アジャイルの原則と考え方》

1-1　C

レトロスペクティブにて全員で議論することがよい。技術的な課題やリスクなどが明確な場合には、スパイクを採用する。

1-2　B

インセプションの時点で、チームを含めたステークホルダー全員が理解すべき運営方針を作成し周知する。

1-3　D

まずは、アジャイルの考え方を全員で学ぶことが必要。

1-4　D

上位マネジメントのためには全体が理解できるレポートが要求されるので、常にダッシュボード・レポートを用意しておくとよい。レポートのために作業を止めることはムダである。

1-5　D

A～Cは望ましい方法である。スキルの低い人を特定して教育すること自体はかまわないが、他の人からのフィードバックを求めることはしない。

1-6　B

その提案が有効かどうかを見極めたうえで、スパイクを利用して確かめる。

1-7　A

すべてコミュニケーション手法に関係しているが、特にコロケーションに限っては浸透コミュニケーションが実施可能。

1-8　C

自己組織化しているということは、リーダーからの指示は待たずに積極的に自ら行動するということである。

1-9　B

サーバント・リーダーシップは、リーダーとして前面には立たず、後ろか

ら支えるイメージを持っている。

《ドメイン２：価値主導のデリバリー》

2-1 A

バリュー・ストリーム・マッピングは、顧客要求を受け取ったときから納品までのすべてのプロセスに価値を見出すことから始め、価値のない工程を除去する。

2-2 B

カンバン方式は、ジャストインタイム（JIT）のために考案された手法の一つである。

2-3 D

複雑さなどの特性に合わせたテーラリングが求められるので、専門家などの有識者に相談しながら進める。

2-4 A

MVPには、顧客要求を学習するために最初にパイロットとして作成されるという特性がある。

2-5 A

スモールバッチ・システムは作りやすさという点と、テストのしやすさという点がある。小さく作ることによってユニット・テストにおける品質の確保が容易になる。

2-6 D

基本は顧客が使える「動く成果物」である。

2-7 B

エピックやフィーチャーを分解してタスクにする。タスクの工数見積りを行ってスプリント計画に反映させる。

2-8 C

選択肢の中では教育だけである。開発中の保守も含めるとAも正解になる。

2-9 D

ペルソナは登場人物のことで、顧客要望や仕組みのデザインを行う場合に使われる。

2-10 C

イテレーションごとのデモからのフィードバックは次のイテレーションのための有効な情報になる。

2-11　B

リスク対応策もユーザーストーリーの一つとして扱われる。

2-12　C

まずプロダクト・オーナーに相談し、その後の対応を決める。最優先順位づけはその後のことである。

2-13　D

保守性は非機能要件の一つである。品質も非機能要件に入れることもある。

2-14　D

A〜Cはトラブルの原因になりやすいものだが、コーディングの美しさは問題になるというより、品質を向上させる。

《ドメイン3：ステークホルダーの関与》

3-1　B

通常はプロジェクト憲章に主たるステークホルダーを記述するが、その後すべてのステークホルダーを特定するためには、スポンサーとの協働が望ましい。

3-2　D

ケーブ（cave）は、誰にも邪魔されず1人で集中して仕事ができる場所を意味する。

3-3　D

ステークホルダーの関与について分類する場合に、「無視」することはない。

3-4　C

ステークホルダー分析のために、特定からやり直す必要がある。もし、その変化を事前に察知できるのなら、リスクにもなる。

3-5　A

対立の解消手法の一つである「撤退」は、その対立から身を引くことを意味する。真の解決にはならないが、一時的に効果がある。

3-6　C

アジャイルの考え方、特徴、進め方についてしっかり説明する必要がある。

3-7　A

プロジェクトの目的と目標を明確にする必要がある。基本は顧客にとっての価値の提供であるから、顧客満足がそれにあたる。

3-8　D

プランニング・ポーカーは、主に見積りに使われる。

3-9　C

アジャイルでEVMを使う場合には、縦軸をストーリーポイントとして測定することができる

《ドメイン4：チームのパフォーマンス》

4-1　D

自己組織化ができているチームや自律型のチームには、自ら作って守るように仕向けることが大切。

4-2　B

タックマン・ラダーとも呼ばれる手法で、チームの成長に合わせたリーダーシップが要求される。

4-3　D

機能横断型チームは、チームメンバーが専門家であると同時にジェネラリストでもあることを期待しているので、さまざまな組織から集まった人で構成される。

4-4　D

自己組織化されたチームを前提とすれば、チーム内での自発的な互助を推進することが望ましい。

4-5　B

Y理論では、人がそれぞれに持っている動機づけ要因を満足させることで自発的に仕事をする、と言っている。

4-6　D

送信者・受信者モデルの考え方によれば、送信者は受信者が正しく理解したかどうかを確認する責任がある。

4-7　A

ケーブとも呼ばれる環境で、誰にも邪魔されず集中できる部屋などのこと。

4-8　A

プロジェクト憲章には、プロジェクトの運営方針や目的などを記載して、関係者のベクトルを合わせられるように理解を求めることが重要である。

4-9　B

チーム間の競争は動機づけにもなるので好ましいといえるが、ベロシティはチームごとの基準に基づいているので比較することは適切でない。

《ドメイン5：適応型計画》

5-1　D

グルーミングは次のイテレーションのためにバックログの優先順位を見直すことである。

5-2　D

ユーザーストーリー・ワークショップも顧客との協働作業の一つではあるが、可視化とまでは言えない。

5-3　A

B〜Cはプロジェクト関係の用語ではない。

5-4　A

以前に予定していた休暇をとることが困難になって、モラールが下がるかもしれない。

5-5　C

アジャイルの特徴の一つに「人間第一」がある。無理な残業や休日出勤の要請、緊急な要員増加などをせずに、次のイテレーション計画に反映させる。

5-6　B

とりあえず前に進めることが大切なので、実験を繰り返すようにして学び、能力についての不確実さを減らしていく。

5-7　D

関連会社の買収費用は、それがプロジェクトの真の目的に沿っているならば計上するが、一般にはプロジェクトコストには入れない。

5-8　B

見積りはあくまで推測なので正確な見積りはあり得ないし、アジャイルではスコープの変動が激しいので、概算見積りしか算出できない。

5-9　D

確定見積りは、普通、±10％程度といわれている。

5-10　A

バーンダウン・チャートは残作業量を表すので、そこから見積もることができる。

《ドメイン６：問題の検出と解決》

6-1　C

技術的な課題を解決するためには、アーキテクチャー・スパイクを利用する。

6-2　D

改善活動の一環ではあるが、週末に仕事をさせることはしない。

6-3　D

エスカレーションする前に、自分たちで解決するように努力する。そのために課題ログを活用する。

6-4　B

リスク・スパイクでは、リスクの分析や対応策の作成などが行われる。この結果は、リスク登録簿やリスク報告書に記載される。

6-5　D

実行されないリスク対応策であっても、リスクが発生しないと明確になるまでは終結しない。

《ドメイン７：継続的改善（製品、プロセス、人材）》

7-1　A

プロジェクトが安定してきたら、イテレーションの期間を長くして休暇をとりやすくすることも動機づけには有効である。

7-2　A

振り返りの要点の一つにKPTがある。Aはそれに該当しない。

7-3　A

ユーザーストーリーは顧客要求を分解したものである。それを実現してさらなる要求を導き出す。

7-4　A

ドレイファスの習熟度モデルが役に立つ。B 〜 D は動機づけ理論である。

7-5　C

一般的な標準的プロセスはよい実務慣行の例であって、バリュー・ストリーム・マッピングには役立たない。

7-6　C

どれも役立つ手法だが、直接的で広く周知するには C が望ましい。

索　引

《著者紹介》

鈴木 安而(すずき・やすじ)

PM アソシエイツ㈱※代表取締役
PMP®、PMI-ACP、DASSM
PMI®、PMIJ、PMAJ、IIBA 会員、PMIJ アドバイザー

1970 年、東京電機大学電子工学部卒業。日本アイビーエム㈱入社。技術企画部長、技術研修部長を歴任。
1995 年、アドビシステムズ㈱入社、アジアパシフィック・ジャパン・サービス・サポート担当ディレクターとしてプロジェクトを推進。
2006 年、PM アソシエイツ㈱設立、プロジェクトマネジメントに関する社員研修とコンサルテーションを中心に活躍。
PMI の活動では、PMBOK®ガイド第 4 版日本語版翻訳監訳プロジェクト副プロジェクト・マネジャー(2008 年)、プログラムマネジメント標準第 2 版日本語版翻訳プロジェクト・リーダー(2009 年)、PMBOK®ガイド第 5 版英語版開発メンバー(2011 年)、PMBOK®ガイド第 5 版日本語版翻訳監訳プロジェクト・マネジャー(2012 年)を担当。
著作に『図解入門よくわかる最新 PMBOK の基本と要点』『図解入門よくわかる最新プロジェクトマネジメントの基本と要点』(以上、秀和システム)、『PMP パーフェクトマスター PMBOK 第 6 版対応』(共著、評言社)、『伝説の PM が教える 私のいち押しプロジェクト』(編著・評言社)などがある。

　※ PM アソシエイツ㈱は、米国 PMI®の ATP(公認研修パートナー)に指定されています。

《本書の内容に関する問い合わせ先》
　hinfo@hyogensha.co.jp

アジャイル グローバル資格対応
PMI-ACP 試験 パーフェクトマスター

2021 年 1 月 7 日 初 版 第 1 刷 発行

著 者　鈴木安而
発行者　安田喜根
発行所　株式会社 評言社
　　　　東京都千代田区神田小川町 2 - 3 - 13
　　　　M&C ビル 3 F（〒 101 - 0052）
　　　　TEL 03 - 5280 - 2550（代表）
　　　　http://www.hyogensha.co.jp
印刷　中央精版印刷株式会社